# LA CAREZZA DELLA MEMORIA

**Dello stesso autore presso Bompiani**

La casa sopra i portici

# CARLO VERDONE
# LA CAREZZA DELLA MEMORIA

**A cura di Fabio Maiello**

BOMPIANI
OVERLOOK

Tutte le fotografie qui riprodotte provengono dall'archivio personale dell'autore.
La fotografia di p. 212 è di © Claudio Porcarelli.

www.giunti.it
www.bompiani.it

© 2021 Giunti Editore S.p.A. / Bompiani
Via Bolognese 165, 50139 Firenze - Italia
Via G. B. Pirelli 30, 20124 Milano - Italia

ISBN 978-88-301-0100-5

Prima edizione: febbraio 2021
Quarta edizione: febbraio 2021

*A Giulia e Paolo*

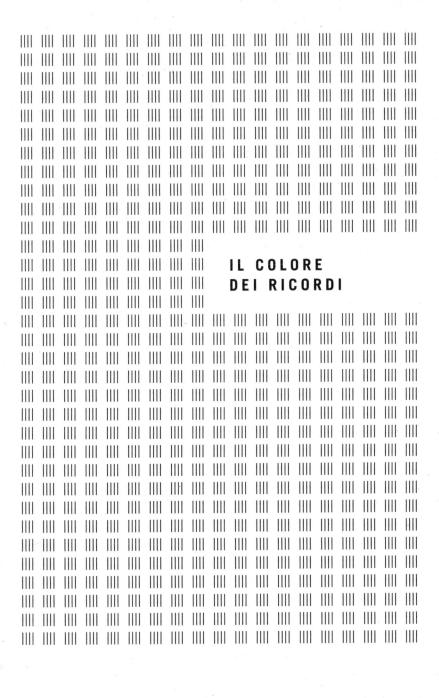

# IL COLORE
# DEI RICORDI

Sono le due e mezzo di notte. Non riesco a prendere sonno. Salendo sul terrazzo vengo investito da un silenzio inquieto. Sì, perché Roma non conosce il silenzio. C'è sempre una moto o una macchina, una sirena, un antifurto che fa sentire un cenno di vita a qualsiasi ora. Stanotte invece nulla, se non la presenza di un cuculo lontano su qualche albero di Villa Sciarra. Sono notti irreali, le notti della segregazione in casa per sfuggire al virus. Mi appoggio alla balaustra e davanti a me c'è gran parte della città poco illuminata. Le lucine dei lampioni e di qualche faro che mette in risalto un monumento o un palazzo storico danno l'idea di una città circondata da fuochi fatui. Tutto sembra paralizzato in una lunga apnea. Laggiù, l'Altare della Patria e le tante cupole immerse in una luce opaca assomigliano a una grande ricostruzione cinematografica in esterno. Un set, un grande set senza attori, senza troupe. Quasi senz'anima. Non so se è il mio umore che mi porta a vedere Roma così, ma certo è che l'assenza di vita nelle strade la fa sembrare finta. Anche il cielo notturno non trasmette nessuna emozione, un fotogramma fisso con poche stelle pallide. Privato del passaggio luminoso degli aerei perde quasi il suo senso di vastità e profondità.

E pensare che una notte della scorsa estate, mentre fumavo l'ultima sigaretta nel patio della mia casa in Sabina, riflettevo sul fatto che i miei nonni avevano vissuto l'orrenda prima guerra mondiale, i miei genitori la più dilagante seconda, e alla fine io e i miei cari potevamo ritenerci fortunati: probabilmente non saremmo mai precipitati in emergenze e stati d'animo come quelli. E invece è capitato un evento inaspettato che ha terrorizzato e fermato le città di tutto il mondo. Anzi, che le ha svuotate di tutto o quasi. Un evento che ha sentenziato che esser vecchi è pressoché un'immediata condanna a morte. Stiamo perdendo la generazione degli anziani, i veri custodi della memoria. Spero solo che all'uscita di questo libro la situazione sia meno drammatica. Me lo auguro, anche se qualche timore mi tormenta. Molti postano scorci, strade e piazze di Roma, Milano, Firenze, Venezia deserte, decantandone la bellezza. Non mi piacciono, non c'è nulla da decantare, perché sono immagini malate. Senza vita. Le grandi epidemie sembravano appartenere a tempi lontani ed essere semmai controllabili dalla scienza. Ma questo virus dal comportamento anomalo e subdolo ci ha messo con le spalle al muro. Lo prendo come un avviso di garanzia della natura, affinché il nostro delirio di onnipotenza, il nostro insopportabile disprezzo per le regole che ci chiede il pianeta debbano cessare. Intanto, frastornati, impauriti, ma anche cautamente fiduciosi, aspettiamo una lucina in fondo alla tetra galleria.

Una signora anziana uscita da un palazzetto liberty fruga in un cassonetto dell'immondizia approfittando del buio. La conosco di vista, ha un bel viso elegante e la mattina per la strada è sempre curata. Alle due di notte è ridotta a fare questo. E non troverà nulla, perché il camion è già passato e ha svuotato tutto. Questa immagine che vedo dall'alto mi carica ancora di più di angoscia e sconforto. È un'immagine da *Roma città aperta*, di disperazione, e mi sembra di essere stato scaraventato nella fase più triste dell'ultima guerra. O meglio ancora nel cuore di una globalizzazione indisciplinata, senza umanità, cinica, materialistica, senza uno straccio di spiritualità. Molti commentano l'immagine del papa sotto la pioggia che prega, in un'oscurità sinistra, nella più atroce solitudine. E tutti esaltano la bellezza dell'immagine, paragonandola a un quadro di Edvard Munch o a un fotogramma di Paolo Sorrentino. La giudicano da una prospettiva artistica. In pochi riflettono sulla considerazione che Dio si è allontanato, stanco di preghiere recitate a memoria, senza una molecola di anima.

Meglio tornare dentro, anche se il sonno non arriva.

La mia casa non ha la poesia dell'abitazione paterna, la casa sopra i portici, perché non ha storia. È un edificio costruito negli anni settanta dove prima sorgeva un convento di monache. Però la vista è unica, perché sono molto in alto e vedo circa duecento gradi di panorama: dalla Pineta di Castel Fusano al Pincio. È una Roma che illude di essere intatta nella sua magnificenza. In questa casa non esistono né tristezza né depressione: i toni di luce che cambiano nell'arco della giornata mostrano una Roma mutevole, come una serie di vedute dipinte da artisti diversi. C'è sempre uno stupore nuovo guardando il panorama dalle grandi finestre. È l'unico motivo che mi spinge a restare qui. Non soffro di solitudine. Non so cos'è la solitudine perché con il tempo ho imparato a bastare a me stesso. Mi aiutano le tante passioni che ho: scrivere, fotografare, abbandonarmi alla buona musica, pensare a nuove storie, leggere o meglio rileggere quello che a scuola studiavo per la scuola e non per la vita.

Molti miei amici soffrono la clausura forzata. In tanti si sono convertiti agli ansiolitici o agli antidepressivi, loro che non li avevano mai presi in tutta la vita. Ma li capisco e non mi permetto di giudicarli. Io stranamente non soffro molto a restare in casa. E il motivo sta nel fatto che almeno cento giorni l'anno li passo in albergo, nelle città più svariate. Viaggio sempre di più ma non riesco mai a vedere nulla. Perché appartengo alla gente, e ogni tre passi devo consegnarmi a tutti per una foto, un video-messaggio, una dedica, un abbraccio. È un privilegio ricevere tanto affetto, un regalo mai immaginato. Ma nello stesso tempo non riesco a godermi quasi nulla del luogo in cui mi trovo. E così spesso riguardo le tante foto che conservo in album o hard disk, immagini di viaggi, città, paesaggi, set, fino a quelle più vecchie dei miei figli piccoli, poi diventati più grandi, io con i capelli, io con pochi capelli. Insomma, il tempo che mi sono lasciato alle spalle. È bello ritornare con la mente a immagini passate. È una carezza per l'anima, mi fa capire che sono un uomo che ha vissuto nello stupore continuo. E la cosa più miracolosa è che ricordo tutto: nomi, luoghi, aneddoti, atmosfere, situazioni comiche, assurde, noiose, gente importante o gente banale.

Durante questa lunga quarantena molti dei miei amici hanno cominciato a riordinare le loro fotografie, soprattutto quelle non recenti. Credo sia una reazione al momento. Un desiderio di guardare indietro, a immagini ed emozioni di un tempo in cui avevamo certezze. Ho deciso che domani lo farò anch'io: mi dedicherò al grosso scatolone mai più aperto da dieci anni, relegato sull'ultimo ripiano di un armadio dal mio compianto segretario Ivo, che scrisse sul cartone "Fotografie sparse (da riordinare)".

Mi è capitato di scoprire fotografie nascoste dentro i mobili, tra le pagine ingiallite di libri impolverati, nei luoghi più disparati. Preziosi rettangoli sottili che forse preferirebbero riposare nell'oblio piuttosto che arrendersi a mani profane. Vecchissime immagini screpolate in bianco e nero, dai contrasti profondi o dai contorni sfumati, abitate da volti non sempre riconoscibili.

Spero che sul retro ci sia una nota leggibile che sveli il mistero di quelle persone irrigidite in pose austere, con sguardi accigliati, raramente sorridenti. Solo i bambini riuscivano a conservare un po' di spontaneità.

Adesso finalmente ho sonno. È arrivato il momento di andare a letto.

Mi sveglio con il desiderio di scoprire il contenuto della scatola. Con un po' di fatica la prendo dall'armadio e la porto accanto al grande tavolo del salone.

Alzo il coperchio, e davanti ai miei occhi si presenta un ammasso disordinato di foto in bianco e nero, Polaroid sbiadite, stampe in bianco e nero e a colori lucide oppure opache di marca Ilford, Kodak, Fuji. Una mescolanza di gradazioni, sfumature e soggetti. Frugando vedo affiorare anche lettere piegate, rubriche telefoniche degli anni settanta, piccole scatole, chiavi che aprivano chissà quale porta. C'è anche un santino. Tutte cose che preso dalla fretta di un trasloco avevo buttato lì dentro alla rinfusa.

In questo scatolone ci sono le tracce di un'esistenza vissuta pienamente, nel bene e nel male. Nei sorrisi e nella malinconia. Mi pare di aver trovato una sorta di antidoto, una risposta al bisogno di tornare a un presente sereno attraverso la contemplazione del passato.

Man mano che spargo le foto sul tavolo si spiana a ritroso la strada di una vita, ogni scatto è un cassettino della memoria che improvvisamente si apre. Mi sembra di udire le voci di quei volti. Volti che rivedrò, volti che non riconosco, volti che non ci sono più. Alla fine riesco a distinguere i soggetti anche nelle foto più sbiancate e sfocate, perché il tempo può cancellare i ricordi dalla carta fotografica ma non dalle pieghe della mente.

Poi, come per miracolo, quelle istantanee cominciano, come il ritratto dei fratelli Sagonà nel finale di *Al lupo al lupo*, a fissare un'epoca che non è mai trascorsa. Parlandomi di loro. Raccontando di me.

Dentro di me riaffiorano tanti pensieri che sembrano rivestire quegli scatti e quegli oggetti di una nuova brillantezza cromatica. Di un nuovo, vivido colore. Il colore dei ricordi.

Marzo 2020

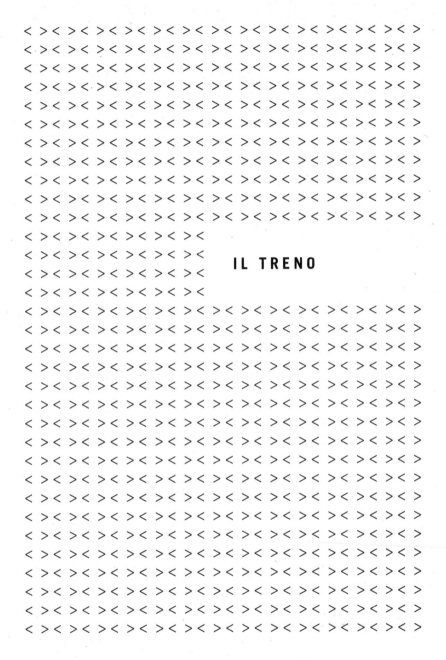

IL TRENO

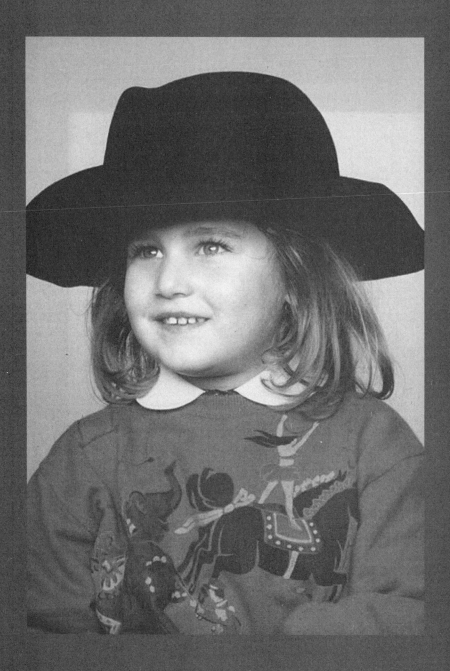

Mia figlia Giulia.

Quando ero bambino ogni volta che prendevamo il treno entravo in uno stato di eccitazione felice. Prima di salire chiedevo sempre a mio padre o a mia madre di portarmi a vedere il locomotore. Ero ipnotizzato dalla carrozzeria massiccia, dalle dimensioni delle ruote, dal vapore che spesso usciva da un tubo di scarico, da quell'odore di acciaio surriscaldato. A quell'età pensavo che il macchinista fosse una persona speciale, eroica, perché aveva il pieno controllo di tutte quelle manopole e quei bottoni e non aveva paura di entrare veloce nelle gallerie e attraversare sicuro gli scambi. Se lo vedevo nella cabina lo chiamavo per chiedergli sempre la stessa cosa: "Signore, a che velocità può andare questo treno?" E il macchinista mi rispondeva ogni volta con gentilezza: "Centoventi, centotrenta... Il locomotore può arrivare anche a centocinquanta, solo che i binari non ce lo permettono. Sono vecchi." E io lo salutavo ricordandogli: "Stia sempre attento. Ma se può arrivi per un momento a centocinquanta. Solo un momento..." Il macchinista sorrideva e i miei genitori mi portavano nel vagone. Gli scompartimenti erano sempre ben puliti, con tre poltrone rosse per lato, tutte col poggiatesta di cotone bianco, e un odore di canfora disinfettante che si spandeva per tutto il vagone. A questo si aggiungeva un altro odore, quello delle valigie dei viaggiatori. Sì, perché quasi tutte a quel tempo erano di pelle o di cuoio. Molte avevano una cinghia per sigillare il bagaglio. Un odore che mi ricordava quello delle cartelle di scuola. Purtroppo quei profumi duravano poco, svanivano con le prime sigarette accese dagli altri viaggiatori. E tutto il vagone veniva avvolto da una nebbiolina che faceva bruciare gli occhi. Io stavo sempre col naso appiccicato al finestrino, e via via che il treno prendeva velocità e il paesaggio cambiava sentivo quanto ero lontano da Roma, sempre di più. Quanto mi piaceva avere il permesso di abbassare un attimo il finestrino e mettere il viso fuori per sentire l'aria che mi scapigliava i capelli. Chiudevo gli occhi e avevo un solo pensiero: ero felice su quel treno.

Col tempo la mia passione per i treni mi portò a convincere i miei genitori ad aiutarmi per avviare una collezione di trenini Märklin, una marca prestigiosa e costosa. A poco a poco, pezzetto per pezzetto, compravo qualche vagone, cinque binari, uno scambio, un locomotore, un passaggio a livello. Imparai a conoscere tutti i tipi di locomotori italiani dal 1950, e tanti delle ferrovie svizzere, tedesche, francesi e americane. Nel giro di tre anni avevo costruito un bel plastico, tutto da solo. Con tanto di stazione e due piccole gallerie. Era la mia autoipnosi serena: facevo buio nella stanza e restavo lì a vedere il mio percorso ferroviario animarsi tra lucine e convogli in movimento. Ci passavo le ore.

Poi da collezionista sono diventato un vero viaggiatore. Con il successo, prima in teatro poi al cinema, ho cominciato a percorrere tutta l'Italia in lungo e in largo. La promozione di un film può costringerti a prendere anche venti treni al mese. E così da quarantacinque anni affronto i percorsi più disparati, da nord a sud. La tratta Roma-Milano è stata e continua a essere la più frequentata. Da bambino non facevo tanto caso alla gente che viaggiava, ma ora che il paesaggio lo conosco a memoria mi piace soffermarmi su chi sta viaggiando con me. Il treno è un piccolo mosaico della società, e mi basta poco per farmi un'idea anche su chi sta zitto o dorme. I volti dei viaggiatori sono spesso un libro aperto, altre volte un mistero assoluto. E allora mi diverto a immaginare cosa potrebbero fare nella vita, il carattere che celano. Le voci al telefono offrono indizi interessanti. Come l'espressione di chi manda ininterrottamente messaggi, e ne riceve, fino alla stazione di arrivo. Quanti tradimenti, quante relazioni clandestine passano attraverso quegli scambi. Basta guardare e ascoltare. A volte è impossibile non farlo.

Nelle prime ore di un pomeriggio prendo un treno diretto a nord. C'è poca gente nel vagone, ma ricordo benissimo la bella donna seduta al di là del corridoio. Elegante, curata, capelli raccolti, pantaloni, stivaletti color cuoio col tacco. Ci guardiamo per una frazione di secondo. Io prendo l'iPod e mi metto ad ascoltare musica, lei apre la custodia del cellulare e comincia a digitare. Dopo qualche minuto punta l'obiettivo del cellulare su di me e finge di scrivere. So che mi sta scattando una foto: ci sono abituato. Non me ne curo e volgo lo sguardo al finestrino. Dopo un po' lo sguardo torna su di lei, che continua a scrivere, con un lieve sorriso. Ha inviato la foto a qualcuno e la sta commentando. Tutto il viaggio è una sequenza di brevi messaggi, e ogni minuto la donna chiude per poi riprendere. D'improvviso si scioglie i capelli e se li sistema in fretta. Si gira un po' di profilo e scatta un selfie, sorridente, suadente. Richiude la custodia e dopo poco la riapre. Continua a digitare, poi punta l'obiettivo sulla gamba accavallata, sul tacco sexy, passa al viso e assume un'espressione provocante. A Firenze ho sonno e mi addormento. Quando mi risveglio noto che la bella signora sta continuando a scrivere e leggere messaggi. Ma qualcosa è cambiato: ora ha gli occhi rossi, umidi di lacrime. Si volta verso il finestrino, cerca di non farsi vedere così disarmata. Poi si alza di scatto e va verso i bagni. Torna poco dopo. Ha i capelli di nuovo raccolti, il trucco rifatto, e mentre il treno si accinge a entrare in stazione si versa qualche goccia di collirio negli occhi arrossati. Arriva una chiamata. Risponde subito, "No, adesso no, non posso," sussurra, e chiude la custodia del telefonino, lo infila nella borsa, si alza, prende la sua piccola valigia e si avvia verso l'uscita, seguita dagli altri passeggeri della carrozza. Me compreso. Le porte si aprono e tutti scendiamo sul marciapiede. Mentre mi abbottono il giubbotto per ripararmi dal freddo vedo un uomo stempiato sui quarant'anni venire avanti, tenendo per mano un bambino. Va verso la donna del treno, la bacia; lei bacia il bambino. C'è qualcosa di spento fra i due adulti, tutto sembra formale, senza passione. E i tre, a passo lento, si avviano verso l'uscita.

Un pomeriggio d'autunno stavo rientrando dal Veneto con un mio caro amico, il critico cinematografico Mario Sesti. Tornavamo da un convegno. Il treno era piuttosto pieno, ma noi eravamo nel salottino, con due silenziosi signori che lavoravano al computer. Non vedevamo l'ora di essere a Roma: il convegno sul cinema era stato impegnativo, tra interventi con il pubblico, interviste e relazioni su diversi autori. Ma il treno diventò presto la cornice di una piccola commedia dell'assurdo.

A Padova il treno ha un guasto. Ci dicono che in trenta minuti sarà in grado di proseguire. Dopo un'ora e un quarto il treno riparte. Ma poco prima di Bologna si guasta di nuovo. Dall'altoparlante ci avvertono che arriveremo a Bologna nell'arco di mezz'ora. Dopo un'ora, trascinati da un nuovo locomotore, arriviamo stremati a Bologna. La gente ormai ha perso le staffe: partono proteste, parolacce e maledizioni. Abbiamo già due ore e un quarto di ritardo. Annunciano che stanno provvedendo al cambio del locomotore. Finalmente ripartiamo. Il ritardo è assurdo. Sentiamo di nuovo entrare in funzione l'altoparlante e tutti facciamo gli scongiuri. Ci danno notizie sull'orario d'arrivo previsto a Firenze e a Roma: sconfortante. Tutti preghiamo che il treno recuperi sulla tratta veloce Firenze-Roma. Ma inesorabile rientra in funzione l'altoparlante, che gracchiando fa il seguente annuncio: "Con urgenza un medico alla carrozza quattro." Io e Mario guardiamo i due signori al computer: ovviamente si occupano di numeri, non possono essere medici. "Certo che questo è il treno della sfiga..." ripeto ossessivamente a Sesti. L'altoparlante riparte: "Se c'è un medico, è pregato di recarsi con urgenza alla carrozza quattro." Abbiamo il terrore che il treno si fermi per l'ennesima volta. Mario Sesti mi convince: "Vacci te, Carlo. Qualcosa capirai..." Un po' imbarazzato, con la speranza di poter essere di qualche aiuto, mi avvio verso la carrozza quattro. Un capannello di gente, tutti chini su un signore sudato fradicio, di un bianco cadaverico, che respira affannosamente. Dalla divisa capisco che è il capotreno. Chiedo se qualcuno dei presenti è un medico. Niente. Nel frattempo arrivano due colleghi del capotreno. Tutti sparano diagnosi a raffica: chi dice infarto, chi embolo in atto, chi mancanza di sali minerali. Li caccio via tutti. Gli tocco la fronte gelata, sento il polso, che è molto veloce, e noto che respira in modo irregolare, come se cercasse di fare un respiro profondo, ma non gli riesce. Mi siedo accanto a lui e con voce serena gli chiedo: "Mi dica cosa si sente con precisione." Con un filo di voce lui sillaba: "Mi gira la testa e ho fame d'aria. Non riesco a fare il respiro normale. Sento che il petto mi scoppia." Gli chiedo se soffre di pressione alta o bassa, se ha il diabete, se prende particolari medicine. Mi risponde che fa soltanto uso di gocce di fiori di Bach. Arriva un signore anziano che offre il suo misuratore di pressione a batterie. Ma non funziona, perché segnala una minima di 160 e una massima di 140. Riprovo, e questa volta la minima va a 50 e la massima a 190. Gli restituisco il misuratore e lo invito a disfarsene. Subito dall'altoparlante parte la richiesta di un apparecchio per la pressione. Nel giro di un minuto quattro passeggeri arrivano offrendo il proprio misuratore. Benone: un treno di ipertesi. Dopo averne provato uno che ha le pile quasi scariche trovo finalmente il più attendibile. Faccio il test per ben tre volte. I valori sono quasi normali: 80/140. Il cuore dà cento battiti. Chiedo a tutti di lasciarci soli. Un passeggero che dice di essere fisioterapista consiglia di metterlo a testa in giù e alzargli le gambe. Mi trattengo a stento dal mandarlo a quel paese. Fisso il capotreno e gli dico: "Se lei continua a respirare in modo così assurdo la testa le girerà sempre di più. Perché sta iperventilando." "Mi scoppia il petto, ho paura dell'infarto," replica lui, angosciato. Solo in quel momento mi riconosce. "Ma lei è Carlo Verdone?" "Sì, sono io. Non si distragga. Mi dica una cosa: lei soffre di attacchi di ansia, di panico?" Il capotreno ammette che da un mese deve combattere con questi sintomi, ha paura di perdere il lavoro. Nonostante la circostanza mi comporto da psicologo e in tono pacato gli chiedo: "C'è qualcosa nella vita che non va? Insoddisfazioni, preoccupazioni..." Non faccio in tempo a finire la frase che mi sussurra: "Mia moglie..." "Che ha sua moglie? Che succede con sua moglie?" Mi afferra la mano, disperato: "È andata via di casa. Vive con un altro..." "Quindi soffre per la sua mancanza?" L'uomo incomincia a piangere e fa sì con la testa. "Mi aspetti un attimo. Vado a prendere una cosa e torno da lei." Riattraverso il capannello di passeggeri che in coro mi dicono di farlo scendere e chiamare un'autoambulanza. "Ma che ambulanza! Lasciatemi fare!" Entro nel mio scompartimento, apro la valigia e cerco la scatola del tranquillante che uso al bisogno la notte. Ritorno da lui e gli dico: "Apra la bocca." "No, che mi dà?" replica lui, spaventato. "Forza, apra 'sta bocca!" Lui la apre e io butto dentro una compressa. Prendo la bottiglietta d'acqua che qualcuno ha portato e gli intimo: "Si attacchi, beva, la mandi giù!" Non collabora. Allora urlo. "Mandi giù 'sta pasticca, forza!" Impaurito, esegue. "Adesso io mi metto vicino a lei, e vedrà che entro quaranta minuti si sentirà molto meglio." Terrorizzato, mi guarda con gli occhi sgranati. "Lei non può dare medicine così come le pare." Severissimo, gli rispondo: "Senta, ma vuole stare bene o male? Vuol lasciare il treno senza controllo? Lei ha un attacco di panico! Se vuole star bene stia tranquillo, io sono qui vicino a lei. E poi deve dare fiducia a questo ansiolitico. Perché gli ansiolitici bisogna saperli accogliere con serenità." E per distrarlo gli dico: "Mi parli dei problemi con sua moglie, come se io fossi il suo confessore."

Per farla breve mi ritrovo nella corrente di un racconto che all'inizio parte lento, dato il suo stato alterato, ma a poco a poco prende sempre più vigore. Ascolto tutta la storia: il primo incontro, il fidanzamento, i progetti, il matrimonio senza figli, i primi due anni felici, il terzo con qualche problema, il quarto con la scoperta del tradimento, l'inizio del quinto con lei che lo molla. Entriamo nella stazione di Firenze e nemmeno se ne accorge. Parla, parla, parla. Un diluvio di parole per dirmi che deve riavere sua moglie, che non può vivere senza di lei, che si sente un fallito, che non capisce perché è finito tutto. Chiede pareri, consigli, arriva al punto di darmi il suo cellulare per farmi parlare con lei, così posso convincerla. Qui m'incazzo, ma poi mi trattengo e comincio a parlare come un vero saggio. Calmo, ponderato, ricorro al buonsenso. Mi ascolta con attenzione. Noto che il respiro affannoso si è disteso. Il viso non è più pallido e il sudore è sparito. Alla fine gli consiglio di farsi aiutare da un bravo psicologo, altrimenti non c'è via d'uscita, e di distrarsi uscendo con veri amici. All'altezza di Arezzo d'improvviso allarga le braccia, quasi con serenità: "Ma lo sa che mi sento un po' meglio? La pasticca che mi ha dato ha fatto un miracolo. Mi sento meno oppresso..." Io in compenso non ce la faccio più, sono stremato, voglio solo tornare da Mario nel mio salottino. "Adesso che sta meglio faccia un bel giro del treno, perché non ha controllato proprio niente. Su, forza e coraggio." Mentre tento di tornare al mio posto lui si rialza, si rassetta e poi esplode davanti a tutti: "Il signor Verdone m'ha dato una pasticca miracolosa. Tranquilli, signori, sto meglio." Gli do la mano, lo saluto e gli raccomando di seguire i miei consigli. Torno esausto al mio posto. Racconto quell'atto unico surreale a Sesti, che si piega in due dalle risate. Dopo soli cinque minuti ben quattro passeggeri si presentano davanti al mio salottino. Tutti vogliono sapere il nome del farmaco: se ci vuole la ricetta, se lo passa la mutua, quali effetti collaterali può avere, se va inteso come cura o come sintomatico. Furibondo, tolgo le pasticche dalla scatolina. "Ecco, questo è l'astuccio vuoto, dentro ci sono le indicazioni. Chiedete al vostro medico se potete prenderlo. Ora abbiate pietà, stamo pure con tre ore de ritardo. Ecchecazzo!" Nonostante il mio tono aggressivo uno ha il coraggio di dirmi: "Signor Verdone, siccome pure io ho dei problemi sentimentali, che mi provocano..." "Avete rotto le palle! Basta!" E vado a chiudere la porta scorrevole. Mario e i due al computer esplodono in una risata che dura fino a Roma. Io non rido. Senza farmi vedere, prendo una pasticca e la mando giù.

Una categoria insopportabile di viaggiatori sono quelli che pur trovandosi in un vagone silenzioso non solo non zittiscono il cellulare ma ci fanno ascoltare per tutto il tempo del viaggio i loro discorsi aziendali, bancari, amministrativi. La loro voce è priva di regolazione, e tutto quello che dicono si sente ad altissimo volume per tutta la carrozza. Non capisco mai se sono degli esibizionisti, impegnati a sbandierare il loro potere, o semplicemente dei gran cafoni o dei gran cazzari. Hanno tutti una particolarità incomprensibile: a loro non cade mai la linea, né in zone prive di campo né in gallerie interminabili. Uno arriva a chiedersi se stanno prendendo tutti per i fondelli o se è il suo telefono che non vale niente. Un giorno, sul Roma-Torino, ero impegnato a preparare un discorso che avrei dovuto tenere la sera al Museo del Cinema. Avevo scelto il vagone Executive proprio per concentrarmi al massimo. Ed ero felice perché alla partenza eravamo solo in tre. Come il treno sta per muoversi entra un signore con i capelli tinti di un neroblu denso che neanche l'inchiostro Pelikan. Avrà avuto settantacinque anni, accento del Nord, completo blu, borsa da lavoro, cellulare appiccicato all'orecchio. Parla di bilanci, di azioni da comprare, da vendere. Chiede saldi, s'informa di titoli in borsa in tempo reale, consiglia vendite immediate e acquisti rapidi. Chiede della quotazione dell'oro e del palladio. Insomma, una rottura di palle senza fine. Il tutto a un volume così molesto che prego Dio che la pianti il più presto possibile. Da Roma a Firenze non gli cade mai la linea. Mai! E io fatico non poco a buttare giù qualche appunto per la serata torinese. Rivolgo uno sguardo supplichevole agli altri tre, che mi guardano sconfortati, allargando le braccia. Mi infilo alle orecchie gli auricolari, metto una musica strumentale minimalista di David Sylvian e comincio a scribacchiare.

A un'ora da Milano, stazione di sosta, faccio una pausa e lo sguardo ricade sul maledetto logorroico. Sta ancora parlando di denaro. Fa nomi di persone legate a mezzo mondo bancario italiano e cita una decina di istituti di credito, compresi due a cui mi affido anch'io. A un certo punto, esasperato, raduno il coraggio e vado da lui. "Senta, mi deve scusare... Ma se non abbassa leggermente la voce è un problema per me concentrarmi... Sia comprensivo." Lui scatta in piedi, liquidando il suo interlocutore, e dice, con un tono che a lui sembra spiritoso: "Mai mi permetterei di recar disturbo all'esimio sommo attore Verdone!" Mi dà la mano e si presenta con nome e cognome. "È un onore viaggiare con lei, un vero onore." Replico, con un sorriso posticcio: "Ma si figuri... Grazie per la sua comprensione." Faccio per tornare al mio posto, e lui che fa? Mi segue e si siede davanti a me. "Permette..." Che gli devo dire? "Prego..." Dandomi un biglietto da visita continua: "Sono un promotore finanziario. Mi occupo di grandi gestioni. Numero limitato di clienti ma di altissimo profilo..." Dentro di me scoppia un'insurrezione nervosa che fatico a contenere. Mi aspetto un'estenuante dissertazione sul momento economico, con offerta finale di collaborazione. Infatti. Fa nomi di grandi famiglie italiane, di società arabe, elenca una serie interminabile di conoscenze tra le grandi banche italiane, svizzere, inglesi, americane. Una rottura di coglioni senza precedenti. E piano piano arriva al punto che mi aspettavo. "Lei ha un promotore finanziario?" "Certo," rispondo, seccato. Lui insiste: "Io non voglio sapere quanto denaro ha e quanto le ha fatto guadagnare il suo promotore..." Replico: "E vorrei vedere!" "Ha ragione. La privacy è privacy. Ma le do un consiglio: faccia attenzione ai promotori che si separano e divorziano. Perché il suo investimento si restringerebbe... Ci siamo capiti. Io, lo dico per darle fiducia, sono sposato da quarant'anni! Mi permetto di lasciarle un fascicolo che riguarda la mia società. Vorrei che lo leggesse con calma per farsi un'idea." "Certo, come no? Grazie." "Dopo glielo porto." E insiste: "Posso conoscere il suo istituto bancario?" Dovrei mandarlo a quel paese, ma alla fine glielo dico: è il più importante e sicuro d'Italia. Lui fa la faccia delusa. Stringe le labbra e mugola, come per dire: attenzione. E avanti così: nel giro di pochi minuti distrugge tutte le banche più solide del paese, minacciando l'imminenza di un crac per titoli tossici, cose che a noi correntisti non vengono dette. E propone un incontro conoscitivo a Roma. Pur di levarmelo di torno gli dico di segnarsi il mio numero e la mia e-mail. Subito estrae il telefono dalla tasca. È spento. Ma quando ero andato a chiedergli di abbassare la voce aveva chiuso la telefonata in tutta fretta... I miei più nefandi sospetti sono fondati: stava solo fingendo di parlare. Lui accende il telefono, inserisce il pin e io gli detto il vecchio numero telefonico di un amico: per qualche ragione me lo ricordo benissimo, ma so altrettanto bene che è inattivo da un pezzo. Mi chiede l'e-mail e gliene detto una inventata sul momento. Mentre scrive noto l'orologio: un Rolex, sì, ma così falso che più falso non si può. Roba da cento euro. "Benissimo, mi dica quando la posso contattare." "Tra dieci giorni," gli rispondo. "Perfetto. Aspetti, le lascio la presentazione della società..." Va verso il suo posto, e mentre mi dà la schiena per sfilare dalla borsa il fascicolo io prendo la valigia, il giaccone e il mio bagaglio e fuggo a gambe levate verso la fine del treno.

Non m'ha più visto. Ma purtroppo io ho rivisto lui. Sale sul treno di ritorno da Torino a Milano, ma per fortuna va a sedersi nell'altra carrozza. Supplico l'addetto al mio vagone di stare attento a non far entrare nel mio scompartimento quel signore stempiato con i capelli tinti. E gli chiedo di andare ogni tanto a controllare cosa sta facendo. In pratica sta replicando davanti a una nuova vittima la recita messa in scena per me. L'altr'anno da una scatolina piena di vecchie carte riaffiora il suo biglietto da visita. Subito per curiosità cerco il suo nome su Google. Sorpresa: "Condannato per truffa falso consulente finanziario." Strappo il biglietto e mi dico che davvero il treno offre atti unici che nemmeno un bravo soggettista riuscirebbe a inventarsi. E che certi sconosciuti folli hanno una predisposizione forse a loro ignota per l'arte della recitazione, di gran lunga superiore a quella di molti che hanno studiato sul serio in una scuola di teatro o di cinema. Ma forse questi folli sono sempre esistiti, e il nostro compito, durissimo, è sopportarli per studiarli e ridare loro vita con la nostra arte. Proprio le loro storie possono essere una delle tante chiavi del nostro successo. Ma a che prezzo.

Vorrei chiudere questo capitolo sul treno, nel quale ho raccontato solo una minuscola parte di ricordi, richiamando alla memoria un piccolo viaggio assai toccante che feci con la mia amata figlia Giulia quando aveva dieci anni. Per lei e Paolo ero un papà sempre in viaggio, sempre in movimento, sempre impegnato sul set. Un papà che bisognava andare a trovare mentre lavorava per goderselo nei brevi momenti di pausa. Girare per la città con me era per loro estenuante: ogni minuto un autografo, una stretta di mano, qualcuno che voleva salutarmi... Sentivano che appartenevo a tutti tranne che a loro. E la cosa creava non pochi problemi. Un giorno annuncio che l'indomani andrò a Verona per presentare in sala *Sono Pazzo di Iris Blond*. Giulia mi avverte: "Papà, ho deciso che vengo con te. Siccome ti vedo stanco, ti faccio io la valigia e ti faccio da bodyguard. Tu non ti devi preoccupare di niente, sarò la tua assistente in tutto." Quel moto mi fece una gran tenerezza, e dissi: "Va bene, dillo a mamma, e porta qualcosa di pesante, perché al Nord fa freddo." Giulia entrò subito nel ruolo dell'assistente personale e professionale. Già alla stazione pregava la gente di essere comprensiva "perché il signor Verdone non può essere disturbato". Una volta in treno presi a guardarla, lì seduta davanti a me sul treno. Era deliziosa, con il cappellino blu scuro che le avevo portato dalla Cornovaglia. Guardava con stupore dal finestrino i paesaggi che cambiavano fisionomia. All'improvviso mi disse: "Io ho deciso che nella mia vita viaggerò tantissimo. Più di te e più di nonno Mario." Le dissi che battere nonno Mario sarebbe stato difficilissimo: lui aveva davvero visto più di tre quarti del mondo. "Scommetti che vincerò io?" Per farla contenta le dissi: "Ci credo, ci credo. Ma prima di cominciare a viaggiare devi finire la scuola." Giulia replicò: "No, no... Lo farò molto prima. Io non ho paura degli aerei. E posso viaggiare anche da sola perché sono capace di organizzarmi." Lasciai cadere il discorso dandole un bacio sulla guancia.

A Verona, la giornata che precedeva la proiezione del film fu faticosissima. Tante interviste per TV locali, radio, giornalisti, e tanti fan affettuosi che volevano una firma con dedica. Giulia tentava di mantenere l'ordine tra gli ammiratori, ma non ce la faceva. Fu allora che capì quanto era conosciuto il papà, anche così lontano da Roma. E quanto era faticoso affrontare tanti impegni in poco tempo. Andò tutto bene, sia la proiezione che la cena a seguire con gli esercenti del Veneto. Tornammo in hotel felici ma stremati. Misi la sveglia alle otto e trenta, perché avevamo il treno per Roma intorno alle undici. Il primo a crollare fui io. Quando mi svegliai, la mattina dopo, socchiusi gli occhi e vidi Giulia già vestita che a passi felpati, senza far rumore, stava sistemando il mio vestito della sera prima nella valigia. Piegava con gran precisione la camicia bianca e sistemava alla perfezione i regali che mi avevano dato prima della presentazione. Spalancai gli occhi e mi misi a sedere nel letto: "Giulia, ma sei già pronta? È ancora presto..." "Non ho dormito tanto..." E io, dispiaciuto: "E perché? Il letto non era comodo?" Aggiustando le cinghie della valigia disse: "No, no. Ho pensato tutta la notte ai viaggi che voglio fare. Sono tantissimi. Vuoi che te li dica?" Giulia era molto brava in geografia, e cominciò a elencare posti di una lontananza incredibile: Birmania, Thailandia, Giappone, Brasile, Perù, Bolivia... Non si fermava più. La interruppi, ribadendo che ne avremmo riparlato una volta finita la scuola. Stavo per alzarmi dal letto quando lei mi bloccò. "No, fermo lì. Aspettami cinque minuti. Vado e torno." "Ma vai dove, scusa..." Aprì la porta e uscì dalla stanza. Dopo cinque minuti sentii bussare alla porta. Mi alzai e aprii. Giulia reggeva un pesante vassoio con la mia colazione: c'era di tutto. "Grazie, tesoro, ma ci sono i camerieri." "Rimettiti a letto, papà, volevo farlo io. In questo viaggio devo essere la tua segretaria." Mi emozionai. Era la prima volta che viaggiavo con lei da solo. E il fatto che tutta la notte avesse pensato ad attraversare il mondo mi sembrava un segnale inequivocabile di un carattere che sarebbe diventato forte, curioso di luoghi lontani e libero.

Sul treno del ritorno, a poco a poco, Giulia chiude gli occhi e china la testa. Nel vederla addormentata, ancora così piccola, con quel cappellino che pare uscita da una fiaba, mi vengono le lacrime agli occhi. È adorabile in tutto. Nelle sue premure, nella sua organizzazione meticolosa, nei suoi sogni di futura cittadina del mondo. In quel momento speciale le auguro tutto il bene possibile e spero tanto che i suoi sogni si possano avverare. Oggi posso dirlo: il destino e la sua caparbietà l'hanno portata dove voleva. E credo sinceramente che abbia già superato il numero dei viaggi di nonno Mario. Ma quel giorno, mentre la guardavo dormire, ignoravo che tutto ciò potesse avvenire. Piccola grande Giulia, con il suo cappellino da streghetta della Cornovaglia.

MARIA F.

Sul terrazzo condominiale di casa mia. Foto scattata da Maria F.

Nella vita ti succedono certe piccole storie a cui resti legato anche se sono durate poco. Dopo quasi cinquant'anni il ricordo che affiora da questo foglio di quaderno rimasto piegato per tanto tempo è forte e chiaro, e merita di essere narrato. Ci ho pensato per mesi, non avevo il coraggio di scriverne. Poi l'ho trovato. Credo che in questi momenti vissuti e condivisi ci sia tanta anima, tanta poesia. È anche questa una piccola storia.

Vittorio era un caro amico, ci eravamo conosciuti alla facoltà di Lettere alla Sapienza. Avevamo un piano di studi molto simile e quindi ci trovavamo il più delle volte alle stesse lezioni. Era alto, magro, con gli occhiali da miope e l'aria di chi non sarebbe mai sceso in piazza per le manifestazioni, sempre in giacca, cravatta, con una cartella da impiegato dove metteva i libri. Con quei capelli corti, quasi da carabiniere, sembrava uscito dagli anni cinquanta. Il padre, pugliese, lavorava al ministero delle finanze come impiegato e la sua casa era, nella sua semplicità, di un ordine maniacale. La madre era una signora gentilissima, molto formale. Parlava un calabrese così serrato che capivo solo una piccola parte dei suoi discorsi. Con Vittorio eravamo diventati amici perché suonava bene la chitarra classica e amava molto i Beatles. Mi insegnava con pazienza molti accordi e mi aiutava nello studio di alcuni libri che trovavo complessi. Abbastanza spiritoso, gran fumatore, aveva un vizio sorprendente per un ragazzo della mia età: andava almeno una volta la settimana con le prostitute. Le cercava sul *Messaggero*, dove all'epoca c'era una pagina dedicata alle massaggiatrici. La scorreva, faceva una crocetta sui nomi di quelle con le quali era già stato (un numero impressionante) e accanto scriveva il voto che assegnava loro per la prestazione. Nessuna aveva un dieci, ma tanti erano i sette, e moltissimi i tre e i quattro. Gli piacevano le donne mature, sui quarant'anni, che avevano più esperienza. Un giorno mi chiese se volevo accompagnarlo da una donna che lavorava in via Panisperna, nel quartiere Monti. La conosceva già e mi disse che era gentile, paziente, molto provocante. Io non ero mai stato in casa di una prostituta, e la curiosità mi fece dire di sì.

Andammo all'appuntamento nel tardo pomeriggio con la mia Lambretta, e durante il viaggio mi propose di provarci anch'io. Dissi categoricamente di no: non mi andava proprio. Fra l'altro ero ancora depresso perché la mia ragazza mi aveva lasciato da poco. Arrivati davanti al portoncino, mentre parcheggiavo uscì un signore anziano che si aggiustava la giacca e si allontanava, un po' claudicante. Pensai che potesse essere un cliente che aveva preceduto Vittorio, e la cosa mi parve molto squallida. Giunti davanti alla porta al piano terra, Vittorio suonò il campanello e insistette: "Ma provaci... Vale la pena. Ti mette a tuo agio." Gli feci capire che doveva lasciar perdere. La porta si aprì e apparve una ragazza sui venticinque anni. Era molto carina, castana, con i capelli raccolti a coda di cavallo. Aveva una minigonna che metteva in mostra le gambe perfette. Non era truccata, e questo mi stupì. Il suo viso così naturale era quello di una ragazza normalissima, la vera ragazza della porta accanto. Vittorio la salutò in tono molto confidenziale, lasciando intendere con una punta di compiacimento che era un *habitué* di quell'appartamentino. Poi mi presentò: "Lui è Carlo…" Le diedi la mano, un po' a disagio, perché non c'era bisogno di pronunciare il mio nome. Lei con un lieve sorriso disse: "Piacere, Maria." Chiuse la porta alle nostre spalle e si rivolse a Vittorio. "Ti chiamo Silvana…" E aggiunse: "Solo te o anche lui?" Subito io replicai: "No no. Solo lui, solo lui." Maria fece pochi passi, bussò a una porta e disse: "C'è Vittorio." Ci fece accomodare su un divanetto nell'ingresso e se ne andò in cucina. "Ma questa è veramente carina… Pure lei è una prostituta?" chiesi, incredulo. Accendendosi l'ennesima sigaretta, Vittorio fece sì con la testa. Poi precisò sottovoce: "È un bel tipo, ma a me piacciono quelle mature. Secondo me Maria non c'ha l'esperienza di Silvana."

Ed ecco Silvana. Una bella morettona, con i capelli mossi e il trucco molto marcato. Accolse Vittorio con un bacio sulla guancia, come se fosse un vecchio amico. Lui mi presentò pronunciando di nuovo il mio nome e io, educato, le tesi la mano. Lei sfilò la sigaretta dalle dita di Vittorio e fece un tiro che le provocò un violento colpo di tosse. "Ma che cazzo te fumi, Vitto'?" Lui fumava le Astor, sigarette americane molto forti. Silvana si avviò verso la camera da letto e si volse a guardarmi: "Sei qui per me o per Maria?" E io, al volo: "Per nessuna. L'ho solo accompagnato…" I due entrarono nella stanza e io mi rimisi seduto sul divanetto, un po' imbarazzato. Da lì vedevo Maria che in cucina aveva messo sul fuoco la macchinetta del caffè. Aveva veramente un bel corpo e gambe perfette, un po' muscolose. D'improvviso si voltò verso di me: "Lo prendi un caffè?" Mi alzai di scatto: "Molto volentieri, grazie…" E la raggiunsi nella piccola cucina. Maria mi fece sedere su una sedia davanti a un tavolino di formica. Nell'attesa che salisse il caffè si sedette anche lei, di fronte a me. Ci guardavamo in silenzio. Il suo viso era affascinante perché era bello, pulito, e lasciava intravedere una misteriosa malinconia. E poi aveva un piccolo difetto che le conferiva un tocco di originalità, di sensualità: una palpebra un po' abbassata che le disegnava un occhio a mandorla, quasi orientale. Aveva una piccola cicatrice sull'estremità del sopracciglio; si vedevano ancora le tracce di due, tre punti di sutura. "Che hai fatto lì?" le chiesi. "Un cane. Il cane dei miei nonni quando ero piccola. Poteva andare peggio. Che sfiga, rovinarsi il viso per accarezzare un cane..." Replicai: "Ti posso dire la verità? Guarda che ti dà un fascino strano, fidati." Sorrise: "Sei il primo che mi dice una cosa del genere. Ma 'ndo lo vedi il fascino?" "Hai un occhio a mandorla... Ha un suo strano fascino," ripetei. Rise. "Vorrà dire che mo' me faccio tirà pure la palpebra sinistra, così chiedo il passaporto cinese... Ma piantala, dai." Maria aveva un accento romano non molto marcato e quando sorrideva era proprio bella. Mi chiese se ero studente, cosa faceva mio padre, se avevo fratelli. Quando fui io a farle le stesse domande mi disse che ero fortunato ad avere una bella famiglia. Lei aveva perso il padre a quattro anni e mi fece capire che comunque non era stato un buon padre. "Mamma mi diceva che erano più i giorni che stava in carcere che quelli che stava a casa. È brava, ma ragiona come una bambina ingenua. Ha sbagliato quasi tutto nella vita. Però le voglio bene... Ed è brava a tenermi mia figlia... Se non ci fosse lei..." "Quanti anni ha tua figlia? Come si chiama?" chiesi. Aveva tre anni. L'aveva chiamata Alba, una scelta di buon auspicio, l'inizio di un nuovo capitolo della sua vita. Alba era il risultato di un incidente serale con un ragazzo. Mentre versava il caffè, presi coraggio e le chiesi: "Ma tua madre lo sa del tuo lavoro?" "Sì. L'ha capito dopo un po'. E per lei è umiliante perché la gente del quartiere è cattiva. La chiamano la madre della mignotta... Pensi che io sia contenta? Mi faccio schifo, ma è l'unico modo per campare e crescere mia figlia. Ci abbiamo avuto tanti guai che manco te racconto..."

Mi si stringeva il cuore a sentire quelle parole, che stridevano con le risa sguaiate che provenivano dalla stanza di Silvana. D'improvviso Maria cambiò discorso: "Che viaggi hai fatto? Dove sei stato?" E partì la lista, una lista lunga, dei viaggi in cui papà mi aveva portato con sé: Iran, Cecoslovacchia, Spagna, Libano, Francia, Inghilterra. Il suo volto si illuminò: "Quindi sei stato a Londra." "Certo, papà ci va due volte al mese per lavoro." "Quanto mi piacerebbe andarci anch'io... È il mio sogno... Un giorno ci riuscirò." Dopo l'ultimo sorso cambiò di nuovo discorso, e il suo tono si fece confidenziale: "Sei fidanzato?" "No. Sono stato lasciato pochi giorni fa..." "Ci soffri?" "I primi giorni stavo molto male, ma ora va un pochino meglio," dissi, mesto e rassegnato. "Dai, sei giovane... Ne troverai un'altra che te la farà dimenticare." Poi, fissandomi, mi disse una cosa che mi colpì: "Hai la faccia del bravo ragazzo. Tu sei un bravo ragazzo." "Cosa te lo fa capire?" dissi ridendo. "Lo sai quanta gente vedo io? Tanta, e brutta. Vuoi che non ho imparato a capire chi ci ho davanti?" Dopo un momento di silenzio aggiunsi, ed ero sincero: "Anche tu sei una brava ragazza." Ridendo, finalmente distesa, disse: "Non sei attendibile. Non hai esperienza delle persone. E t'assicuro che sono tutti meno belli di quel che sembrano." Sentii la porta della camera aprirsi nel piccolo corridoio. Le feci un'ultima domanda: "Dove abiti?" Allargò le braccia, a mimare la lontananza: "A Torricola, vicino all'Appia Nuova. È bella lontana, ci vado col treno per Nettuno. Ferma lì." "Ti piace Roma?" le chiesi. Sorridendo mi disse: "Tu pensi che ci ho il tempo? Guarda, io di Roma conosco 'sto percorso: Stazione Termini, via Cavour, via Panisperna. Stop." "Non mi dire che non hai mai visto il Colosseo o piazza Navona." "Un paio di volte, di sfuggita..." Vittorio intanto era entrato in cucina con Silvana. Avevano finito. Era soddisfatto. Guardando l'orologio disse: "Già le sette e mezzo... Oggi il tempo è volato." Gli fece eco Silvana, col trucco pesante quasi del tutto cancellato dal volto: "Se vede che t'è piaciuto e te sei rilassato." Si salutarono con un abbraccio. Senza pensarci rivolsi un saluto formale a Maria: le diedi un'altra volta la mano! E lei mi rimproverò: "'Sta mano che vuol dire? Signorina, grazie per la chiacchierata?" "Ma no. Era un saluto educato..." risposi, arrossendo un po'. E lei, con un sorriso: "Perché sei un bravo ragazzo, te l'ho detto. C'hai lo stile antico..." E io, di scatto: "Allora lo sai che te dico?" E l'abbracciai, dandole un bacetto sulla guancia. "Oh, così mi sembri meno imbranato," concluse lei. Ci congedammo, e via di nuovo in Lambretta. Mentre riaccompagnavo Vittorio, lui non smise un attimo di parlarmi delle virtù di Silvana, che non m'interessavano proprio. Io non riuscivo a togliermi dalla mente quel bel viso, quell'occhio a mandorla. Mi aveva colpito tutto di Maria, compresa quella vita divisa tra il "lavoro" e la casa a Torricola, una vita tutta difficoltà e miserie. Però Maria mi sembrava forte. Chiesi a Vittorio quando sarebbe tornato a via Panisperna. Rispose, gelandomi: "No. Adesso pausa con Silvana. La prossima volta voglio sperimentare una all'EUR, m'hanno detto che è interessante..." A dir la verità cominciava un po' ad annoiarmi, l'amicizia co' 'sto mignottaro. Per carità, un bravissimo ragazzo, gentile, generoso, talentuoso con la chitarra. Ma quest'ossessione per le prostitute mi sembrava quasi una patologia. I voti, le stellette, le classifiche. Capivo che non avevamo più molto in comune. Però era anche vero che grazie a Vittorio avevo fatto un incontro che mi aveva lasciato un segno. Piccolo, ma me l'aveva lasciato.

Trascorsi la settimana a studiare antropologia culturale. Il docente era il famoso professor Tullio Tentori. Era un esame faticoso: non difficile, richiedeva però gran concentrazione. E invece la mia testa se ne andava via, e arrivava piano piano al viso di Maria. Avrei voluto incontrarla, parlarle. Ma come fare? Un giorno presi coraggio e chiamai la casa di via Panisperna. Mi rispose una voce femminile, non quella di Silvana. Chiesi di Maria. La voce mi disse che era impegnata. Risposi che avrei ritentato più tardi. Il fastidio, la rabbia che provai sentendo dire "Maria ora è impegnata" furono enormi. Dopo un'ora riprovai, e finalmente me la passarono. Quando le dissi chi ero mi riconobbe subito, mi chiese come stavo, come andava lo studio. Ma se volevo rivederla non avevo altra scelta se non prendere un appuntamento. Cosa che feci. Lei, con voce improvvisamente professionale, quasi fredda, mi disse di passare il giorno dopo alle tre. Riappesi, convinto di essere stato troppo impulsivo e folle. Fu il primo strappo alla mia leggendaria timidezza.

Il giorno dopo alle tre eravamo nella sua camera, impregnata dell'odore insopportabile di uno spray deodorante. Maria era seduta sul bordo del letto, io ero in piedi davanti a lei. Lei non capiva che intenzioni avevo. Io non riuscivo nemmeno a dirle che volevo solo rivederla, nient'altro. A un certo punto intuì la verità, sorrise, disse: "Sei venuto per un altro caffè con chiacchierata?" Io ero ancora paralizzato dal riserbo. Poi presi coraggio e dissi: "Volevo solo rivederti. Ma non ti faccio perdere il lavoro, pago quello che devo pagare. Sappi che tutta questa settimana mi hai fatto compagnia, i miei pensieri si sono occupati molto di te." Una pausa e poi aggiunsi, deciso: "Di te, non del tuo corpo." "Ma tu sei matto col botto!" replicò. Stupita e insieme impaurita, mi fissava, quasi compassionevole. Poi si alzò. Il suo volto così particolare si illuminò nella più dolce delle espressioni. Mi passò la mano sui capelli, mi guardò con intensità, mi fece una carezza e disse: "Tu sei una bella persona, ma sei un po' matto. Io e te possiamo vederci soltanto qui. Non ci sono altre possibilità. In questo posto non si diventa amici." D'istinto le dissi: "Perché non ci sono altre possibilità? Non è vero..." Maria mi bloccò con una frase che mi gelò: "Vedo da un anno un altro uomo. Ci possiamo vedere poco, lui viaggia molto, io ho questo cazzo di lavoro. Che spazio vuoi che troviamo io e te per trovarci e parlare? Ho anche una figlia, lo sai, e abito in culo alla luna... Dai, Carlo, comportati da grande. Non fare il ragazzino."

Allargai le braccia in segno di resa, cercando di dare l'impressione di averla presa con filosofia. Ma non era così. In un attimo mi ero scoperto geloso. Avrei voluto abbracciarla forte, baciarla. Non me ne fregava niente del lavoro che faceva, dell'altro uomo. Lei si risedette sul bordo del letto. Non ci dicemmo una parola per diversi minuti. Poi tirai fuori il portafoglio per pagare il tempo che le avevo fatto perdere. Ma mi bloccò la mano. Io insistetti. Mi arrivò uno schiaffo. "Piantala!" disse Maria a voce alta. Dopo un altro silenzio mi disse, con un filo di voce: "Lasciami il tuo numero." La guardai con un moto di sollievo e un filo di speranza. Prese l'agendina. Glielo dettai. E prima che me ne andassi mi disse: "Se io e te fossimo liberi da tutto e tutti cosa vorresti fare con me?" Non ci pensai due volte: "Portarti in Lambretta a vedere Roma." Mi abbracciò, mi diede un bacio sulla guancia, mi accompagnò alla porta e mi salutò: "Ciao, bravo ragazzo." Sulla soglia la fissai e dissi: "Mi chiamerai?" Richiuse la porta dell'appartamento alle mie spalle, senza rispondere. Io montai sulla Lambretta e anziché andare verso casa presi sbagliando la direzione opposta. Avevo proprio la testa per aria. Mai avuto tanto coraggio nella mia vita. Mai stato così pazzo.

Per sette giorni, sette lunghissimi giorni, il telefono non squillò. Avevo perso ogni speranza, e piano piano mi riconcentravo sull'esame, convincendomi che nella vita certi moti impulsivi vanno controllati, o le conseguenze possono essere gravi. Però davanti a Maria ero riuscito a esprimere sentimenti che con le mie amiche borghesi restavano chiusi dentro di me.

Un pomeriggio stavo studiando in camera mia quando mia madre aprì la porta e mi disse che c'era una certa Maria al telefono. Il cuore prese a battermi fortissimo. Mi precipitai a rispondere. Era lei. Mi disse sottovoce che durante la settimana non era libera, finiva di lavorare tardi e doveva tornare a Torricola dalla figlia. Però mi propose di vederci il sabato. C'era una festa a casa di un mio amico, ma non ci pensai due volte e le dissi: "Sabato va benissimo. Dimmi dove e a che ora." Ci saremmo visti in via Marsala, che costeggiava la Stazione Termini, alle quattro del pomeriggio, davanti a un certo hotel.

Avevo fatto il pieno di miscela, gonfiato bene le gomme per non avere sorprese con lo scooter. Era un bel pomeriggio di ottobre, quando i colori di Roma sono caldi e delicati e solo la sera cominci a sentire l'autunno che arriva. Maria si presentò puntuale, ed era proprio bella. Trucco leggerissimo, i capelli non più raccolti ma sciolti. Una gonna semplice e un giacchetto di jeans. Mi fissò a lungo scuotendo la testa, con un sorriso timido che voleva dire ma che cazzo stiamo facendo? "Dai, monta," le dissi io. Si sedette dietro di me e mi strinse i fianchi con le mani. Tipico di chi in moto non ci va mai, e ha paura. Ogni volta che sorpassavo un autobus o facevo una curva mi stringeva fortissimo, quasi mi faceva male. "Fammi vedere cinque posti che ti piacciono, dai..." propose. La portai al Gianicolo, sul grande piazzale da dove si vede tutta Roma. Scese dallo scooter, corse verso la balaustra e rimase a fissare la città, tutta la città, in silenzio. Le indicai la casa dove abitavo, con il suo grande porticato, la Sinagoga e le cupole più importanti. "Lo sai che non me la immaginavo così grande e così bella, Roma?" mi disse.

Non sapendo se ci sarebbe stato un secondo incontro avevo portato con me una piccola macchina fotografica, una minuscola Mamiya giapponese che mi aveva regalato mio zio Corrado. Volevo avere un ricordo del suo viso con quell'occhio a mandorla. La pellicola era in bianco e nero. La luce di quel bel pomeriggio mi aiutò a ottenere il primo piano che volevo. Scattammo tante foto insieme, e lei ne fece altre a me. Eravamo una bella coppia. Più tardi, seduta sui gradini di Sant'Agnese a piazza Navona, con un gelato in mano e il labbro sporco di cioccolato, guardava le fontane con quello stupore che è solo dei bambini. "Ti rendi conto che sto in una città che non conosco?" disse. E poi, dopo un silenzio: "Che vita di merda che faccio, Carlo." Replicai subito: "Dimmi che la smetti presto con questo lavoro. Ti prego." Lei sorrise rassegnata: "Manca poco. Ancora poco e poi parto per sempre." "Che vuoi dire, parto per sempre, dove te ne vai?" "So' fidanzata, Carlo. Lui sa tutto di me, ma mi vuole portare via da qui. Forse ci sposiamo. Vuole molto bene ad Alba. Non so che vita mi aspetta, ma lui è una persona sicura, buona. Sta male per il lavoro che faccio. Adesso che lo spostano a Nord vuole che vada con lui." Parlava senza entusiasmo, con un filo di rassegnazione. E così mi venne spontaneo farle quella domanda: "Tu lo ami?" Non ci fu risposta. Maria grattava il fondo della coppetta di gelato col cucchiaino, bene attenta a non alzare lo sguardo.

Era ormai il tramonto, stavamo sulla terrazza del Pincio. Il sole iniziava a sprofondare, lasciando la città ancora più affascinante nelle sue ombre. Lei non parlava, era come ipnotizzata dallo spettacolo. Poi d'improvviso guardò l'orologio e trasalì: "Mamma mia, ma so' le sette passate... Portami a un bar, a una cabina... devo chiamare di corsa." A piazza San Lorenzo in Lucina trovammo un telefono. Fu una chiamata lunga, e mentre io aspettavo appoggiato alla Lambretta pensai che fosse successo qualche guaio col fidanzato. Cominciavo a preoccuparmi. Finalmente Maria tornò di corsa e mi disse: "Scusami, ma c'è Alba che piange da tre ore, chiede di me. Tra mezz'ora ci ho il treno. Accompagnami a Termini, dai." Subito misi in moto e aggiunsi: "Peccato, ti volevo far vedere la mia casa, che dà su Ponte Sisto..." "Se è di strada sì. Ma dobbiamo far presto." Volai verso corso Vittorio e arrivammo sul lungotevere dei Vallati in cinque minuti. Le mostrai dove abitavo e le indicai il lungo terrazzo ad angolo retto. Lei equivocò, convinta che il terrazzo che le mostravo fosse quello sopra il mio, immenso. Il terrazzo condominiale. "Mamma mia, non ho mai visto uno che c'ha un terrazzo così grande. Praticamente vedi qualsiasi cosa da lì." Mi misi a ridere. "Ma no, quello è il terrazzo condominiale. Il mio è quello sotto, quello lungo con le piante..." "Un giorno mi ci porti?" "Ma dove?" dissi, confuso. "Sul terrazzo condominiale! Tranquillo." E scoppiò in una risata. "Va bene, ci provo, le chiavi ce l'ha il portiere. Ma ci riesco, vedrai. Poi se non c'è nessuno a casa ti faccio vedere dove abito." Mentre andavamo veloci verso la stazione mi diceva: "Sono stata bene oggi. Sei..." Ma io l'anticipai: "... 'na brava persona!" "No, volevo dire un'altra cosa. Sei una persona speciale." E dopo una pausa: "Carlo, ma che stamo a combinà io e te? Che ci trovi in me? Che t'aspetti da me? Giurami che non ti fai illusioni. Ricordati sempre dove m'hai conosciuto..." Mi venne un nodo alla gola. Non avevo nessuna risposta da darle. Posai la mia mano sulla sua per un attimo. Non si reggeva più ai miei fianchi ma mi abbracciava il petto, e sentivo i suoi capelli sfiorarmi l'orecchio. Arrivammo alla stazione che mancavano pochi minuti alla partenza. Scese svelta e prima di andare mi diede un bacio. Ancora sulla guancia. Sorridendo mi disse: "Grazie, Carlo." Mentre si allontanava correndo verso l'entrata le urlai: "Come restiamo?" Non sentì o non volle rispondere. Scomparve tra la gente.

Passarono una decina di giorni. Io riflettevo che mai fino a quel momento avevo avuto tanto coraggio, mai ero stato così intraprendente con una ragazza, tanto più così diversa da me e dal mio mondo. Ma quando pensavo a Maria mi dimenticavo del suo lavoro. Aveva il viso più affascinante che avessi mai visto. E il suo cuore, probabilmente indurito, disilluso dalle tante difficoltà della vita, era in cerca di serenità, di pace. Volevo tanto raccontare di Maria ai miei due migliori amici, ma ero sicuro che mi avrebbero criticato, o preso per pazzo. O che non ci avrebbero creduto, tanto ero noto per essere diffidente e riservato. Avevo sviluppato le foto che ci eravamo fatti quel sabato. Ce n'era una sua bellissima, con i capelli mossi dal vento. La misi nel portafoglio. Un giorno, mentre facevo spazio ai miei trentatré giri sfilando dallo scaffale quelli di mia madre, ebbi un tuffo al cuore. Un album di Juliette Gréco mostrava la sua fotografia in copertina. Maria aveva un taglio di occhi molto simile al suo. E mi venne una gran voglia di risentirla. Anche se avevo il presentimento che non avrebbe accettato di uscire con me una seconda volta. Avevo paura che non mi volesse più vedere:

ecco perché evitavo di chiamarla, aspettando che lo facesse lei. Ma lei non lo faceva.

Il giorno dopo, verso l'ora di pranzo, chiamai il numero di via Panisperna e chiesi di Maria. Mi dissero che per qualche giorno non l'avrei trovata. Lasciai il mio nome. Ero confuso e preoccupato. L'assenza di notizie, l'impossibilità di ottenerle mi faceva star male. Nonostante tutto diedi l'esame di antropologia culturale e presi un bel ventisette. Ma non ero felice. Maria mi mancava. E molto. Una sera stavo per uscire – andavo al cinema, al terzo spettacolo, quello delle otto – quando squillò il telefono. Era lei. Sentii il peso sul petto alleggerirsi. Parlava in tono molto basso, era un po' rauca e aveva una gran tosse. Era stata male, aveva avuto la bronchite, con la febbre. Aveva saputo che l'avevo cercata. Le dissi che l'avevo pensata molto e che mi avrebbe fatto piacere rivederla. Rispose, spiazzandomi: "Se avevi voglia di sentirmi perché non mi hai cercato prima?" "Avevo paura che non mi avresti risposto," replicai con voce timida. "Ammazza, così stronza mi fai? La stronza la faccio con altri, non con te," fu la sua secca replica. Mi disse che poteva stare poco al telefono, e io insistetti, volevo rivederla. Mi diede appuntamento anche questa volta per il sabato. Ma mi lasciò intendere che non avrebbe più potuto trovare scuse per vedermi, che sarebbe stato un problema anche col fidanzato. Mi rassegnai a un probabile ultimo incontro. Ci saremmo incontrati ancora in via Marsala, davanti all'hotel dell'altra volta.

Anche quella giornata fu clemente: un cielo terso, senza nuvole, con una bava di vento appena fresco. I colori della mia città sempre pieni di grazia. Maria si era avvolta una sciarpa leggera attorno al collo perché aveva ancora un po' di tosse, aveva i capelli raccolti a coda di cavallo, portava un paio di jeans, il viso senza un filo di trucco. Mi piaceva ancora di più così pallida, col volto di chi non è stato bene. Mi chiese di portarla nella chiesa che più mi piaceva a Roma. Non ci pensai due volte e andammo a Sant'Andrea della Valle, in corso Vittorio. Mi fermai lì davanti, pensando di mostrarle la facciata e via, ma lei sorprendendomi mi disse che voleva entrare. "Ci metto cinque minuti..." Perplesso, le dissi, ridendo: "Ma che, te devi confessà?" Rispose al volo, ridendo anche lei: "Se me dovevo confessà m'aspettavi fino a domani mattina!" Allargai le braccia, a dire va bene, t'aspetto qui. Ma dopo cinque minuti la mia curiosità si fece troppo forte. Chiusi la Lambretta ed entrai in chiesa. La vidi in fondo, in piedi, di fronte alle candele votive. Probabilmente ne aveva accesa una. Quando si fece il segno della croce mi voltai e uscii di corsa senza farmi vedere. Dopo, quando tornò da me, non le chiesi nulla. E lei mi disse soltanto: "Ogni tanto una visita ci vuole, sennò stamo senza protezione."

Ripartimmo. Stavamo viaggiando a buona velocità quando lei fece uno starnuto fortissimo, mancò poco che perdessi il controllo dello scooter. Mi fermai e lei mi disse, coprendosi il naso: "Portami in farmacia, non ci ho più un fazzolettino." Sfilai dalla tasca il mio, di fazzoletto, che era ben piegato, intatto, e glielo porsi. "Usa questo, tranquilla, è pulito." Nel prenderlo mi caddero due chiavi. Mi chinai a raccoglierle. Lei rideva. "Perché ridi?" "Perché so' le chiavi del terrazzo condominiale. O sbaglio?" Scuotendo la testa le dissi: "No. Non sbagli."

Prima di ripartire mi chiese di fermarci a prendere due coppe di gelato. Cosa che facemmo. E poi arrivammo a casa mia. Per fortuna nell'ingresso non incontrammo nessuno dei miei. Il portiere pensò che Maria fosse una mia amica. Ed era così. Quando l'ascensore arrivò all'ultimo piano scendemmo, e a passi felpati, le dita sporche del gelato che si stava squagliando, facemmo l'ultima rampa, che portava alle due terrazze condominiali. Una enorme, l'altra più piccola, dove gli inquilini stendevano i panni. Aprii piano la porta e ci trovammo di fronte tutta la città nella sua poesia. Ci appoggiammo alla ringhiera a farci incantare dai colori, dalla bellezza dello spettacolo. Mangiammo il gelato, ormai quasi liquido, ma andava bene così.

La luce a Roma cambia in fretta. Dopo le tre del pomeriggio ogni venti minuti la città si trasforma, il sole si avvia lentamente al tramonto diventando sempre più rosso per scomparire infine dietro il Gianicolo. Fu un momento di silenzio, sospeso, per entrambi.

Maria aveva finito il gelato e aveva la coppetta vuota in mano. Si guardò intorno per capire dove poteva gettarla. Sul terrazzo c'era un casotto che ospitava i cassoni dell'acqua. Prese anche la mia coppetta e andò verso il casotto. Accartocciò le due coppette, aprì la porta e le posò dietro uno dei vecchi serbatoi. Tornò e mi trovò che fumavo appoggiato alla balaustra. Mi sfilò dalle dita la sigaretta e la buttò per terra acciaccandola: "Quand'è che smetti? Non mi piacciono gli uomini che fumano. A via Panisperna fumano tutti, fumano sempre. Quell'odore non me lo riesco a togliere di dosso." Come l'altra volta aveva uno sbaffo di cioccolata sul labbro. Cercai di cancellarlo col dito, senza riuscirci. Maria mi guardava fisso, il volto disteso. D'improvviso si sciolse i capelli e io non potei non avvicinarmi. La accarezzai, le diedi un bacio leggero sulla bocca per togliere quella macchia di cioccolata. Poi il bacio diventò vero. Restammo abbracciati un'eternità. Più ricordo quel momento più so che fu e resterà una delle emozioni più grandi della mia vita. Maria aveva gli occhi lucidi. Si appoggiò alla mia spalla e mi strinse fortissimo. "Carlo, era tanto tempo che non mi sentivo battere il cuore." La riempii di baci, sul viso, sul collo, sui capelli, sulle labbra. Mi disse, con un filo di voce: "Ti voglio tanto, tanto bene." "Anch'io," dissi, e lo pensavo con tutto me stesso. Restammo abbracciati a baciarci fino a quando si accesero le prime luci della città. E poi, con naturalezza, entrammo nella casetta dei cassoni. Dove restammo tanto tempo.

Entrambi sapevamo di dover far durare il più possibile quell'emozione che ci aveva travolto, perché non potevamo avere un futuro. In quel tempo – lungo ma breve – mentimmo, inventandoci piccoli progetti impossibili. Una strategia per non accettare di perderci. Ci veniva da piangere. Alla fine lei guardò l'orologio e mi disse, disperata: "Devo scappare. Se perdo il treno è un casino." "Ci sono io con lo scooter," le dissi. "Dai, portami alla stazione, ti prego," insisté lei. Un bacio, un altro, un altro ancora. Poi si staccò da me, si portò le mani ai lobi delle orecchie, si sfilò gli orecchini – piccoli, minuscoli – e me li diede. "Tienili da parte. Non li perdere." Avevo le lacrime agli occhi. Misi gli orecchini in un taschino del portafoglio. Poi tornammo indietro: uscimmo dal casotto, scendemmo le scale, risalimmo sulla Lambretta, e via attraverso la città avvolta dal primo buio.

Arrivati alla stazione scese dallo scooter e mi disse: "Smetti di fumare." E io: "Non smettere di ricordarmi." Anziché darmi un bacio sulla bocca mi prese le mani, e le baciò più volte. E sussurrò: "Bada a te stesso sempre. Se starai male io lo sentirò. E non voglio che succeda. Stai tranquillo per me. I sogni brutti finiscono. Ci si risveglia, prima o poi." Tentò di accennare un sorriso che non venne. E di colpo corse verso l'ingresso della Stazione Termini.

Non ci cercammo più.

Due anni dopo, un giorno entrai in casa e come facevo sempre andai a leggere sul mobiletto del telefono l'elenco delle persone che avevano chiamato. Mia madre aveva scritto a matita: "Chiamato Giovanna, amica di Maria. Maria ti manda saluti affettuosi. Ha avuto due gemelli. Non ha lasciato numero."

Gli orecchini di Maria sono due piccole stelle dorate. Sono minuscoli, ed è passata una vita, ma non li ho persi. Sono una traccia preziosa dei miei anni migliori.

∧ ∧∧ ∧ ∧∧ ∧ ∧∧ ∧ ∧ ∧∧ ∧ ∧∧ ∧ ∧∧ ∧ ∧∧ ∧ ∧∧ ∧ ∧∧ ∧ ∧∧
∧ ∧∧ ∧ ∧∧ ∧ ∧ ∧∧ ∧ ∧∧ ∧ ∧ ∧∧ ∧ ∧∧ ∧ ∧∧ ∧ ∧ ∧∧ ∧ ∧∧
∧∧ ∧ ∧∧ ∧ ∧ ∧∧ ∧ ∧∧ ∧ ∧ ∧∧ ∧ ∧∧ ∧ ∧ ∧∧ ∧ ∧ ∧∧ ∧ ∧∧
∧ ∧∧ ∧ ∧∧ ∧ ∧ ∧∧ ∧ ∧ ∧∧ ∧ ∧∧ ∧ ∧ ∧∧ ∧ ∧∧ ∧ ∧∧ ∧ ∧∧
∧∧ ∧ ∧∧ ∧ ∧∧ ∧ ∧ ∧∧ ∧ ∧ ∧∧ ∧ ∧∧ ∧ ∧∧ ∧ ∧∧ ∧ ∧∧ ∧ ∧
∧ ∧∧ ∧ ∧∧ ∧ ∧ ∧∧ ∧ ∧∧ ∧ ∧ ∧∧ ∧ ∧∧ ∧ ∧∧ ∧ ∧∧ ∧ ∧ ∧
∧∧ ∧ ∧∧ ∧ ∧∧ ∧ ∧ ∧∧ ∧ ∧∧ ∧ ∧∧ ∧ ∧∧ ∧ ∧∧ ∧ ∧ ∧∧ ∧ ∧∧
∧ ∧∧ ∧ ∧∧ ∧ ∧ ∧∧ ∧ ∧ ∧∧ ∧ ∧ ∧∧ ∧ ∧∧ ∧ ∧ ∧∧ ∧ ∧∧ ∧ ∧∧
∧∧ ∧ ∧∧ ∧ ∧ ∧∧ ∧ ∧ ∧∧ ∧ ∧ ∧∧ ∧ ∧∧ ∧ ∧∧ ∧ ∧ ∧∧ ∧ ∧∧
∧ ∧∧ ∧ ∧∧ ∧ ∧ ∧∧ ∧ ∧∧ ∧ ∧∧ ∧ ∧∧ ∧ ∧ ∧∧ ∧ ∧ ∧∧ ∧ ∧
∧∧ ∧ ∧ ∧ ∧∧ ∧ ∧ ∧∧ ∧ ∧ ∧∧ ∧ ∧∧ ∧ ∧∧ ∧ ∧∧ ∧ ∧∧ ∧ ∧∧
∧ ∧∧ ∧ ∧∧ ∧ ∧ ∧∧ ∧ ∧ ∧∧ ∧
∧∧ ∧ ∧ ∧∧ ∧ ∧∧ ∧ ∧ ∧∧ ∧ ∧∧
∧ ∧∧ ∧ ∧∧ ∧ ∧ ∧∧ ∧ ∧∧ ∧ ∧
∧∧ ∧ ∧∧ ∧ ∧∧ ∧ ∧ ∧∧

# TRE MESI A TORINO

∧ ∧∧ ∧ ∧ ∧∧ ∧ ∧ ∧∧ ∧ ∧∧ ∧ ∧ ∧∧ ∧ ∧∧ ∧ ∧∧ ∧ ∧
∧∧ ∧ ∧ ∧∧ ∧ ∧ ∧∧ ∧ ∧ ∧∧ ∧ ∧ ∧∧ ∧ ∧∧ ∧ ∧∧ ∧ ∧∧
∧ ∧∧ ∧ ∧∧ ∧ ∧ ∧∧ ∧ ∧ ∧∧ ∧ ∧ ∧∧ ∧ ∧ ∧∧ ∧ ∧ ∧∧ ∧ ∧
∧∧ ∧ ∧∧ ∧ ∧∧ ∧ ∧ ∧∧ ∧ ∧∧ ∧ ∧ ∧∧ ∧ ∧∧ ∧ ∧∧ ∧ ∧∧
∧ ∧∧ ∧ ∧∧ ∧ ∧ ∧∧ ∧ ∧ ∧∧ ∧ ∧ ∧∧ ∧ ∧∧ ∧ ∧∧ ∧ ∧∧ ∧
∧∧ ∧ ∧∧ ∧ ∧ ∧∧ ∧ ∧∧ ∧ ∧∧ ∧ ∧ ∧∧ ∧ ∧∧ ∧ ∧∧ ∧ ∧∧ ∧
∧ ∧∧ ∧ ∧ ∧∧ ∧ ∧ ∧∧ ∧ ∧ ∧∧ ∧ ∧∧ ∧ ∧∧ ∧ ∧ ∧∧ ∧ ∧∧
∧ ∧∧ ∧ ∧∧ ∧ ∧ ∧∧ ∧ ∧ ∧∧ ∧ ∧∧ ∧ ∧∧ ∧ ∧ ∧∧ ∧ ∧∧
∧∧ ∧ ∧∧ ∧ ∧∧ ∧ ∧ ∧∧ ∧ ∧∧ ∧ ∧∧ ∧ ∧∧ ∧ ∧ ∧∧ ∧ ∧∧
∧ ∧∧ ∧ ∧∧ ∧ ∧∧ ∧ ∧ ∧∧ ∧ ∧∧ ∧ ∧ ∧∧ ∧ ∧∧ ∧ ∧∧ ∧ ∧
∧∧ ∧ ∧∧ ∧ ∧∧ ∧ ∧∧ ∧ ∧∧ ∧ ∧ ∧∧ ∧ ∧∧ ∧ ∧∧ ∧ ∧∧ ∧
∧ ∧∧ ∧ ∧∧ ∧ ∧∧ ∧ ∧ ∧∧ ∧ ∧∧ ∧ ∧∧ ∧ ∧ ∧∧ ∧ ∧∧ ∧ ∧∧
∧∧ ∧ ∧∧ ∧ ∧ ∧∧ ∧ ∧ ∧∧ ∧ ∧ ∧∧ ∧ ∧ ∧∧ ∧ ∧∧ ∧ ∧∧ ∧ ∧∧
∧ ∧∧ ∧ ∧∧ ∧ ∧ ∧∧ ∧ ∧ ∧∧ ∧ ∧ ∧∧ ∧ ∧∧ ∧ ∧ ∧∧ ∧ ∧∧ ∧
∧∧ ∧ ∧ ∧∧ ∧ ∧ ∧∧ ∧ ∧ ∧∧ ∧ ∧∧ ∧ ∧∧ ∧ ∧ ∧∧ ∧ ∧∧
∧ ∧∧ ∧ ∧∧ ∧ ∧∧ ∧ ∧ ∧∧ ∧ ∧∧ ∧ ∧ ∧∧ ∧ ∧∧ ∧ ∧∧ ∧
∧∧ ∧ ∧∧ ∧ ∧∧ ∧ ∧ ∧∧ ∧ ∧∧ ∧ ∧ ∧∧ ∧ ∧∧ ∧ ∧∧ ∧ ∧∧

Con Francesco Nuti e Massimo Troisi.

A metà anni settanta mi trovavo in una condizione di stasi esasperante. Non era successo ancora nulla d'importante, di decisivo. Il mio sogno era fare il regista, diventare un bravo documentarista o perlomeno un filmmaker d'avanguardia alla Kenneth Anger. Invece, ironia della sorte, mi stavo avvicinando al teatro, soprattutto grazie a mio fratello Luca, che appena poteva mi trascinava nei suoi spettacoli. Il pubblico apprezzava molto la mia recitazione, nonostante io mi ritenessi inadeguato e non troppo dotato di carisma. Ma più cercavo di sfuggire al palcoscenico più mi ritrovavo a calcarlo. Mia madre, stanca di quella situazione stagnante, per darmi una scossa m'intimò di mandare il curriculum alla RAI. Confidava in un colloquio per un ruolo di assistente alla regia o programmatore regista, per cominciare. Ma la televisione non rispose. Almeno non subito.

Poi arrivò il decisivo 1977, anno in cui venne a trovarmi Michael, un amico inglese che non spiccicava una parola d'italiano. Di giorno era facile intrattenerlo, bastava portarlo in giro per la città, ma dopo il tramonto ecco il dilemma: dove fargli passare la serata? Così una volta lo trascinai all'Alberico, uno dei teatri più off di Roma, dove il compianto Daniele Formica si esibiva in uno spettacolo di mimo. Michael si divertì molto, e decidemmo di restare a cena lì: dopo le rappresentazioni il teatro si trasformava in un ristorante. C'era anche Manuel De Sica con il cugino Mauro in compagnia di alcuni amici ai quali mi presentò annunciando: "Ragazzi, lui è Carlo Verdone. È un portento, nessuno come lui sa imitare i personaggi più strampalati di Roma. Dai, Carlo, facci vedere qualcosa, ti prego..." Ero imbarazzato, ma per accontentare Manuel iniziai a imitare alcuni dei tanti personaggi che incontravo quotidianamente al bar Mariani. Tra i presenti c'erano i ragazzi della compagnia Patagruppo e Antonio Obino, il direttore artistico dell'Alberico, che dopo aver assistito alle mie improvvisazioni mi domandò, convinto: "Hai studiato recitazione teatrale?" "No, sono diplomato in regia al Centro sperimentale," risposi, un po' colto alla sprovvista. "Ma lo sai che invece sei un bravo attore? Perché non provi a scrivere dei monologhi?" Così nacquero *Tali e quali* e *Rimanga tra noi*, una serie di monologhi e scenette teatrali che avrei poi portato sul palco con successo, rispettivamente nel 1977 e nel 1978. Il secondo soprattutto ebbe un notevole riscontro di critica. Era la storia di alcune persone che vanno a rendere omaggio al feretro di un uomo e raccontano quest'ultimo attraverso i loro ricordi. Ricordi che non sono propriamente benevoli, anzi, tracciano in progressione l'identikit di un essere sgradevole, miserabile, orribile. Era una storia pirandelliana, ispirata alla vita quotidiana, in cui ognuno dice la sua, senza oggettività, senza una verità assoluta.

Per me il teatro era solo il passatempo di un ragazzo che non aveva trovato ancora la sua strada. Eppure fu proprio dopo una replica di *Rimanga tra noi* che la mia vita sterzò all'improvviso. Perché una sera trovai ad attendermi fuori dal camerino il regista Enzo Trapani e il dirigente Bruno Voglino, due pezzi grossi della RAI, che in quel periodo andavano per teatri alla ricerca di artisti talentuosi. La sorte aveva scelto al posto mio.

Trapani fu di poche parole. "Verdone, sei davvero molto bravo, ti voglio su agli studi di Torino," mi disse tutto sorridente, posandomi la mano sulla spalla.

"Ma lei è davvero sicuro che possa avere successo? Non vorrei che avesse preso un abbaglio," tentennai.

"Verdone, se siamo qui a parlare con te è perché siamo sicuri. Hai la stoffa per partecipare alla seconda edizione di *Non stop*," aggiunse Voglino.

Mi sembrava impossibile di essere stato arruolato per quel varietà che nella prima edizione aveva ottenuto un grandissimo successo nonostante fosse così atipico rispetto agli altri programmi televisivi italiani.

"L'unico disagio è che dovrai stare a Torino per almeno tre mesi, tra settembre e dicembre," precisò Trapani.

"Santo Dio, è tanto!" esclamai.

"Sta' tranquillo, però," mi rassicurò, "ti pagheremo viaggi, vitto e alloggio. E avrai un cachet a puntata. Devi sapere che io lavoro senza copione, appena mi nascono le idee blocco lo studio per le prove. Eventuale sabato compreso. Ma è solo un'ipotesi. Vedrai che nei finesettimana riuscirai a tornare a casa. Facci sapere... Ci conto."

Mi salutarono cordialmente e andarono via, lasciandomi in preda a mille pensieri.

La mattina dopo ci fu una lunga riunione con i miei genitori nel salotto di casa. Tutti e due erano seduti sul divano ad ascoltare pazienti le mie perplessità sul viaggio a Torino e sulla lunga permanenza che mi si prospettava. Papà studiava inquieto il tappeto e ogni tanto abbozzava una smorfia di disappunto. Mamma era più serena, col viso rincuorante e disteso di chi vedeva in quell'offerta una grande opportunità. Del resto aveva sempre creduto in me. Fu lei, durante un mio momento di panico prima del debutto al Teatro Alberichino con *Tali e quali*, a strillarmi: "Carle', non chiamerò mai il teatro per dire che farai saltare tutto perché te la fai sotto... tira fuori le palle! Se non osi, nella vita non succederà mai niente!"

"Carlo, ho voluto a tutti i costi che ti laureassi perché la vita dell'attore e del regista è una grande incognita," esordì mio padre, alzandosi bruscamente dal divano. "Te lo dice il fatto che trovare quei quattro lavori da documentarista e aiuto regista è stata un'impresa faticosa anche col diploma del Centro sperimentale." Poi cominciò a camminare nervosamente avanti e indietro. "Non lo so, figlio mio, decidi tu," proseguì. "Ma ricordati che nello spettacolo o sei in cima alla classifica o ti aspetta una vita molto precaria," e con queste parole uscì dal salotto, platealmente contrariato. Era chiaro che desiderava per me una carriera universitaria come la sua. Mia madre invece rimase. Notando la mia incertezza, si alzò a sua volta, venne verso di me e mi abbracciò chiedendomi quando sarei dovuto partire per Torino.

"A metà settembre, tra un mese," risposi con un filo di voce.

"E quanto ci devi restare?"

"Fino a dicembre... Ti rendi conto? Per me sono pazzi. Il regista non usa nemmeno il copione. Posso mai stare tre mesi a Torino per registrare sei puntate? Devo pure scrivere gli sketch, e non so cosa inventarmi per un pubblico televisivo di prima serata."

"Ascolta tua madre, pensa a metterti al lavoro, ci penso io a trovarti un residence o un hotel dove potrai stare tranquillo. Carle', è giunta l'ora di cogliere al volo le occasioni! Domani faccio venire D'Agostino."

Nel sentire quel nome trasalii e replicai brusco: "Ma che c'entra D'Agostino? Mica sono malato!"

"No, ma un po' di depressione ansiosa da qualche tempo ce l'hai! E sei un gran rompicoglioni!" sbottò, e uscì anche lei dal salone.

Ero rimasto solo. Dopo qualche secondo si aprì la porta ed entrò mia sorella Silvia. In quel periodo lavorava proprio in RAI come annunciatrice di *Prossimamente, programmi per sette sere.* Era carina, spigliata, sicura di sé, e grazie a quelle pregevoli doti era stata selezionata per il programma. Stava uscendo per andare in studio a registrare e di volata, con fare spiccio, mi disse: "Ma la finisci di fare la parte del condannato che sta andando al patibolo? Hai talento, hai avuto la fortuna di essere chiamato in RAI e ci stai pure a pensare? Ma non rompere le palle. Tira giù le valigie e parti." E facendomi una smorfia chiuse la porta e scappò via.

La mattina dopo mi accinsi a scrivere il primo sketch, e ovviamente non ci riuscii, perché non avevo la mente concentrata. Alle quattro del pomeriggio suonò il campanello di casa. Era D'Agostino, un immenso diagnosta che porterò nel cuore per tutta la vita. Non era un medico qualunque, ma un istologo del Regina Elena che in genere non faceva visite domiciliari. Si limitava a pochissimi consulti in istituto perché gli esami oncologici lo oberavano di lavoro.

Aveva una capacità di analisi impressionante. Era timido, di pochissime parole e rideva raramente, cosa che non lo rendeva affatto simpatico a prima vista. Ci voleva però un gran bene e noi lo stimavamo tanto. Ti fissava in silenzio ascoltando i sintomi che elencavi, poi ti toccava tre o quattro parti del corpo facendoti un paio di domande e alla fine ecco che arrivava la perfetta diagnosi, con il farmaco preciso da assumere. Unico difetto: scriveva malissimo. Tanto che il farmacista sotto casa impiegava sempre una vita a capire cosa ci fosse scritto sulla ricetta. Nonostante gli sforzi (nemmeno si trattasse di tradurre un'iscrizione in sanscrito) alcune volte il poverino non ce la faceva, e così bisognava cambiare farmacia nella speranza di trovare qualcuno capace d'interpretare quella grafia incomprensibile.

"Be', cosa succede?" domandò D'Agostino, inarcando un sopracciglio.

Mamma cominciò a spiegargli che mi vedeva ansioso, ombroso, incapace di prendere decisioni, che avevo problemi di sonno ed ero sempre inquieto. Poi gli parlò della lunga permanenza a Torino che avrei dovuto affrontare e delle mie preoccupazioni.

"Quante ore dormi?" mi fece, guardandomi dritto in viso.

"Mah... non più di cinque o sei," risposi confuso.

"Quando ti sale maggiormente l'ansia?"

"La mattina, e soprattutto la sera prima di andare a letto."

"Cosa stai leggendo?"

"Niente di particolare. Scrivo poesie, pensieri, appunti sparsi."

"Me li fai vedere, questi appunti?" chiese perentorio.

La richiesta mi disturbò assai, perché nel quaderno non solo c'erano poesie ma anche riflessioni intime. Provai a spiegare che erano scritti molto privati.

"Hanno dei titoli, queste poesie? Dimmene qualcuno," ribatté, facendo finta di comprendere le mie ragioni. Sembrava un interrogatorio al commissariato.

Con molto imbarazzo spiegai che erano poesie crepuscolari, poi cominciai a elencare: "Allora, *Novembre*, *La solitudine delle dune*, *Pioggia sul vetro*, *La platea assente...*"

D'Agostino non mi fece finire. Mi bloccò con una mano e con l'altra agguantò il ricettario e scrisse veloce qualcosa.

"Che mi dà, professore?"

Lui non rispose, si limitò a sbattermi il foglio davanti al naso. C'era scritto: "Serpax 15 mg mezza compressa la mattina, una intera la sera con quattro gocce di Laroxyl."

Mamma e io, allibiti, chiedemmo all'unisono: "Per quanto tempo?"

D'Agostino riprese la ricetta e aggiunse in stampatello, a caratteri grandi: "A VITA!" Poi si alzò e andò spedito verso la porta, seguito da mia madre che lo ringraziava con il consueto tono ossequioso.

Due giorni dopo arrivò la tanto attesa lettera della RAI per un colloquio di valutazione come programmatore regista, ma ormai avevo già firmato per *Non stop*. Basta, non mi restava che buttarmi a capofitto nel lavoro, e così preparai un paio di sketch che riprendevano alcuni dei testi già rodati a teatro, anche se c'è una bella differenza tra il pubblico da platea e quello televisivo da prima serata. Il giorno della partenza faceva un caldo mortale. Era metà settembre del 1978, ma sembrava piena estate. Avevo due valigie pesanti e lo stato d'animo di chi parte per l'ignoto, e a poco servirono gli incoraggiamenti di Gianna, la mia fidanzata, che mi aveva accompagnato alla Stazione Termini. Mi ero messo con lei da pochissimo, e il pensiero di non poterla vedere spesso come prima mi caricava di tristezza.

"Vedrai che ti faranno tornare presto, oppure verrò io a trovarti..." disse Gianna con dolcezza.

"E se non fosse possibile?" obiettai, senza alcuna lucidità.

"Non disperiamo, e comunque ci sentiremo tutte le sere al telefono. Buona fortuna, amore mio," e mi abbracciò.

Salii in carrozza, e come in tutti i film sentimentali che si rispettino la salutai dal finestrino fino a quando non vidi più la banchina. Quel treno stava portando via dai suoi affetti un ragazzo maturo di ventisette anni. Un uomo senza grandi certezze, ma consapevole che a Torino lo attendeva la sua prima vera opportunità di lavoro, la prima occasione di mostrare le sue capacità.

Il vagone era quasi vuoto, la condizione ideale per affrontare un viaggio lunghissimo, sette ore per riflettere sulle mie effettive ambizioni. Avrei percorso la tratta tirrenica passando per Civitavecchia, Grosseto, Livorno, Genova, poi Alessandria, e infine Torino. La sera prima, papà mi aveva raccomandato di osservare bene il paesaggio tra Grosseto e Livorno, che era stato più volte il soggetto di alcuni grandi macchiaioli come Fattori, Abbati e Borrani. Sarebbe stato un buon diversivo, la ragione per concentrarmi su qualcosa di piacevole, ma disgraziatamente alla stazione di Civitavecchia salì un gruppo di parà della Folgore. Erano una trentina. Riempirono tutto il vagone e fecero un casino pazzesco. Altro che contemplazione del paesaggio... fu tutto un susseguirsi di urla, scherzi, inni alla fica, canti militari, birre, gazzose e panini con la mortadella. Me li sorbii fino a Pisa, dove finalmente scesero, lasciando il vagone invaso dal fumo delle centinaia di sigarette che avevano consumato. Grazie a Dio (è il caso di dirlo) l'atmosfera cambiò, perché salirono una decina di suore carmelitane che con compostezza presero posto sui sedili. Dal baccano si era passati al silenzio mistico. La madre superiora si era seduta di fronte a me. Era anziana, mi osservava dietro gli occhiali da presbite agitando il rosario tra le dita.

"Dov'è diretto? Torino o Genova?" mi chiese, abbozzando un sorriso.

"Torino, per un impegno di lavoro in televisione..." risposi guardandola con un moto di affetto, nella speranza di una benedizione.

Lei annuì, poi attaccammo a parlare del più e del meno: del tempo, della società, dei giovani, del decadimento della morale. Sarebbero scese a Genova per poi raggiungere con l'autobus un monastero lontano dal centro. "Ricordi che il Signore aiuta e benedice coloro che mettono buona volontà nelle cose che fanno," disse, sfilando dal breviario un santino. "Lo porti con sé, la proteggerà," aggiunse, consegnandomi con garbo la figurina.

Mi fece tanta tenerezza vedere quelle suorine scendere dal treno. Tutte ordinate, radiose, con quel passo saltellante, complici e unite come vere sorelle in ogni attimo della loro quotidianità. Lieto o doloroso che sia.

Torino mi accolse con un caldo di gran lunga peggiore di quello romano. Sembrava un'afosissima giornata di fine luglio, altro che metà settembre. Scesi dal treno che ero fradicio di sudore. Il cielo era piatto e lattiginoso, tirava un vento di scirocco e le mie due valigie sembravano diventate più pesanti. Presi il taxi per farmi condurre all'hotel Fiorina, in via Pietro Micca. L'aveva trovato mia madre dopo svariati consulti con le amiche. Era in una posizione comoda, a metà strada tra la stazione e la RAI. Appena scesi dalla vettura mi prese lo scoramento: ebbi la sensazione di aver beccato l'albergo più triste di Torino. Era in un palazzo storico, con decorazioni miste tra liberty e barocco e un porticato austero, molto, molto malinconico. Nel frattempo mi era scoppiato un gran mal di testa, che aumentò quando vidi uscire dalla porta d'ingresso un paio di uomini in giacca gessata, cravatta regimental e ventiquattrore. Forse erano commessi viaggiatori. Avevano un aspetto mesto da morire, in perfetto *pendant* con il cielo smorto e plumbeo della città. Prima di varcare la soglia sentii un terremoto alle mie spalle: era il tram. L'edificio del Fiorina era parallelo alla linea tramviaria principale. Al bancone della reception pregai subito il concierge (basso, occhialini tondi, naso schiacciato, capelli radi, ovviamente scostante) di darmi una camera silenziosa, e lui mi accontentò assegnandomene una minuscola, con un bagnetto da hotel a due stelle, senza televisore né frigobar. Era così triste che la cella di una suora di clausura a confronto era una dimora di lusso. Aveva però un balconcino sul cortile interno, da dove guardando in su scorgevo abbaini alla francese e comignoli alti. La vista era piacevole, ma quell'insolita architettura transalpina acuiva il senso di lontananza da Roma.

Dovevo assolutamente telefonare a Gianna per sfogarmi, ma le linee del centralino erano sempre tutte occupate. "Non c'è linea, appena si libera l'avviserò," era la risposta scocciata del concierge ogni volta che chiedevo di ritentare la chiamata. Dopo mezz'ora decisi di andare a fare un giro per prendere un po' di confidenza con la città. Passando per la hall chiesi al concierge di cambiarmi camera, perché quella che avevo era troppo piccola e misera. Sbuffando mi rispose: "Vabbe', le faccio un regalo." E mi assegnò una camera al secondo piano che mi fece rimpiangere la precedente: era grande, scura, con un bagno discreto, senza televisore e con il frigobar vuoto, ma dava sulle rotaie del tram, che passava ogni quarto d'ora facendo tremare tutto. "Porca puttana, ma chi ci dorme qui per tutti 'sti mesi?" pensai sconsolato.

Avevo conosciuto Torino nel 1961, quando ero un ragazzino. I miei genitori e io eravamo diretti a Saint-Vincent per le Grolle d'oro e ci fermammo in piazza San Carlo per una colazione che ricordo ancora oggi per il cornetto caldo con la marmellata e il cappuccino schiumoso. Poi papà ci portò al Museo nazionale del cinema (nella vecchia sede di Palazzo Chiablese) a trovare la direttrice, Adriana Prolo, sua carissima amica. Un posto fiabesco, pieno di cimeli, libri, fotografie, apparecchiature cinematografiche. Nulla però in confronto con lo stuzzicante vassoio di gianduiotti che la dottoressa Prolo mi offrì con gentilezza. La città aveva un'atmosfera luminosa, era colorata e festosa, un tripudio di bandiere tricolori, perché quell'anno c'era Italia '61 e si celebrava il centenario dell'Unità.

Insomma, niente a che vedere con la malinconia, il caldo insostenibile e la strana caligine che sarebbe scesa quasi tutte le sere a partire da ottobre. Passeggiavo da solo e incappavo in strade come via Lagrange, via Barbaroux... Tutti nomi che mi allontanavano sempre più da Campo de' Fiori. Nel frattempo si era fatta sera, e dopo essermi procurato qualche gettone telefonai a Gianna da una cabina della SIP. Cercai di contenere il mio abbattimento, ma lei comprese tutto e mi diede molto coraggio con poche semplici parole. Mi esortò a fregarmene dell'albergo, tanto non avrei potuto permettermene uno di lusso, e di pensare soltanto a farmi valere. Aveva molta fiducia in me, anche se era una biologa e non conosceva bene il mondo dello spettacolo.

Siccome il frigobar era vuoto come il deserto, ero costretto ogni volta a chiedere al portiere di notte una bottiglia d'acqua. Lui, un po' seccato, la prendeva da un frigorifero nei pressi del banco, la stappava e io la portavo con me in camera. Il tragitto fino al secondo piano, su per le scale, con una minerale in mano, era di una tristezza senza limiti. Mi facevo pena da solo. Perlomeno avevo il mio fido registratore Sanyo e musicassette di ogni tipo: tutti i Led Zeppelin, Brian Eno, Crosby, Stills & Nash, Jefferson Airplane, Allman Brothers, Jimi Hendrix e altri che non ricordo. Avevo anche Debussy, Satie, la Quinta e la Nona sinfonia di Mahler (grave errore, per la struggente malinconia). La prima sera mi feci del male da solo ascoltando *No Pussyfooting* di Brian Eno e Robert Fripp, un interessante ma tedioso esperimento di sovraincisioni multiple di chitarra su un nastro a bobine che alla fine con la sua cupezza mi tolse il sonno.

La prima convocazione negli studi RAI era stata fissata per le tre del pomeriggio. Enzo Trapani si presentò a tutti noi artisti partecipanti. Era un tipo informale, un po' buffo. Portava una camicia bianca, un giacchetto di camoscio e un paio di Ray-Ban con le lenti fumé. "Cari ragazzi, dovrete avere molta pazienza... voi avete i vostri pezzi e io mi invento i balletti e gli stacchi," e si fermò, scrutandoci negli occhi. "I miei spettacoli li creo giorno dopo giorno," continuò, "per questo ci vogliono impegno e spirito di sacrificio." Diceva sempre le cose con un sorriso rassicurante, ma poi si mostrò molto severo ed esigente.

Ci scambiammo sguardi come i componenti di un corpo militare d'assalto.

"Sarete trattati benissimo e da parte mia cercherò di valorizzare al massimo ognuno di voi... ma dovete metterci passione. Armatevi di pazienza e venitemi dietro," concluse, allargando solennemente le braccia verso l'alto, come un santone.

Non conoscevo nessuno dei miei colleghi, o quasi. Fino ad allora avevo frequentato i teatri off e non il cabaret. I Gatti di Vicolo Miracoli (ovvero Umberto Smaila, Ninì Salerno, Jerry Calà e Franco Oppini) li avevo sentiti nominare. Raf Luca oltre a essere un abilissimo contorsionista (riusciva ad abbracciarsi la testa incrociando le braccia dietro il collo) era una bravissima persona. Avevo però l'impressione che non piacesse granché, perché Trapani gli riservava sketch brevi, intermezzi di pochi secondi tra un numero e l'altro. Nonostante tutto sembrava avesse accettato di buon grado quel ruolo di secondo piano, perché da parte sua non partì mai un'incazzatura. Altrettanto poco utilizzato era Ernst Thole, un attore gay che faceva dei monologhi alla Paolo Poli: non poteva raggiungerne le altezze ma conferiva un tocco di assoluta originalità e coraggio a una RAI sempre così attenta a non turbare il suo pubblico conformista. Poi c'era Massimo De Rossi, un ottimo interprete teatrale prestato al cabaret, che scriveva testi assai particolari. Renato 33 e la coppia Zuzzurro e Gaspare erano molto cordiali, ma non legai granché con loro. Stefania Rotolo, assai simpatica e dinamica, era la prima ballerina: aveva una presenza scenica che bucava lo schermo. I Giancattivi li sentivo più vicini a me, erano colti, raffinati, non ricorrevano alla battuta facile e avevano una mimica eccezionale, spesso surreale. Erano anche amichevoli, gentili. Ma era un trio molto sulle sue. Erano totalmente chiusi, con la Cenci che guidava e Benvenuti e Nuti che la seguivano.

Dopo le presentazioni, Trapani, per meglio rendere l'idea del suo metodo di lavoro, fece proiettare su un maxischermo i nastri di tutta la prima edizione di *Non stop*. I numeri erano tutti intelligenti e spassosi, ma rimasi a bocca aperta quando vidi La Smorfia. Quei tre ragazzi mi facevano ridere di cuore, però Massimo Troisi era un fuoriclasse dai tempi comici fenomenali, che mai avrei pensato di riuscire a eguagliare, anche perché mi mancava la mentalità del teatro, e l'esperienza di recitazione assidua. Il trio aveva detto di no alla seconda edizione: la fama ormai acquisita lo portava continuamente in giro per locali.

Trapani colse negli sguardi di tutti noi una forte incertezza, ma al termine della proiezione, col suo tipico modo di parlare a labbra strette, ci incoraggiò: "Ragazzi, tranquilli, vi ho osservato bene in teatro e sarete bravissimi anche voi. Ci vediamo domani dopo pranzo per le prove."

Prima di congedarci parlammo di come ci eravamo sistemati, e lì mi toccò la vergogna di rivelare dove alloggiavo. I Gatti di Vicolo Miracoli erano al residence Goya, vicino a un ottimo ristorante toscano, La Spada Reale. I Giancattivi erano un po' più lontani, in un altro residence, il Conte Biancamano. Quando fu il mio turno e dissi dove stavo scoppiò una risata generale: "Ma sei un pazzo, dormi in quel mausoleo? Perché hai scelto una camera mortuaria?" urlò Umberto Smaila.

"L'ho scelto per la vicinanza alla RAI, ma non immaginavo che fosse la tomba de 'na piramide," mi giustificai, impacciato.

"Va be', Carlo, hai fatto la cazzata, ma non è una tragedia, dai, dai..." aggiunse Jerry Calà. "Domani disdici e vieni da noi." Cosa che non ebbi il coraggio di fare.

L'hotel Fiorina invece era davvero una tragedia. Ero talmente depresso che alla fine delle prove non mi veniva nemmeno la voglia di unirmi agli altri per passare la serata. Mi attaccavo al telefono, prima con Gianna, poi con mia madre, e alla fine con qualche amico disposto a sorbirsi le mie lagne. Anche le telefonate però diventarono una seccatura, perché ogni volta dovevo rivolgermi alla reception e chiedere allo scoglionatissimo portiere, che chiaramente mi odiava, di connettermi al numero che gli dettavo. Quando si rompeva le scatole mi rispondeva sempre con quella vocina impostata: "La linea è occupata, riproverò tra dieci minuti..." E non riprovava mai se non glielo ricordavo io.

Il fondo lo toccai quando decisi di fare uso dei buoni pasto della RAI. La mensa aziendale era il luogo più triste del mondo: un refettorio semivuoto dall'aspetto ospedaliero, illuminato da neon freddi, dove mangiare una pasta e fagioli fredda anche quella, una cotoletta e una pera in compagnia di cinque impiegati che dopo aver abbozzato un sorriso di circostanza consumavano il proprio pasto sul tavolo di formica con lo sguardo fisso nel vuoto. La sera per tornare in albergo dovevo camminare lungo strade desolate, nella foschia che riduceva la visibilità. Non c'era un'anima in giro e gli unici segnali di vita erano i fari delle auto, i semafori e il rumoroso passaggio dei tram. Durante il percorso mi capitava di avvistare le luci del vicino Teatro Erba, dove talvolta si esibivano vecchie glorie come Erminio Macario, Carlo Campanini, Gino Bramieri. Una volta arrivato in camera attaccavo a scrivere qualcosa, non prima di aver telefonato a qualcuno...

Questa è la vita che ho condotto per cinque giorni, fino a quando il buon Smaila, stanco di vedermi col muso, iniziò a trascinarmi in giro con sé e con i suoi compagni. I Gatti di Vicolo Miracoli erano davvero dei bravi ragazzi, estroversi e pieni di vitalità. Umberto mi faceva tanto ridere, tirava sempre su il morale a tutti, aveva un carattere aperto e positivo, suonava bene il pianoforte e aveva la battuta sempre indovinata. Con Ninì Salerno e Franco Oppini andavo qualche volta al cinema, nei pomeriggi liberi. Jerry Calà era il più distratto, sempre occupato a organizzarsi con le ragazze.

Con tutti loro andavo spesso in un buon ristorante vicino a corso Vercelli, dove mi feci una delle risate più grandi della mia vita. Nel locale c'erano sempre due vecchi posteggiatori, molto poetici, che suonavano la fisarmonica e il violino in modo terrificante. Il violinista era alto, grosso e sempre sudato; il fisarmonicista bassissimo, magro e miope. Parlavano entrambi un dialetto torinese sveltissimo e aspirato, e il loro pezzo forte era un'aria da *La bohème*. Smaila ci scherzava sopra e li provocava di continuo richiedendo che eseguissero quel brano. "Professori! Professori! Voglio sentire *La bohème*! Fatela bene. Non come quella cagata dell'altra sera!" E loro, tutti gasati: "Sun sempre a sua dispusisiun! Ai mancheria..." E via a strimpellare, mentre qualcuno dei presenti in sala li supplicava di piantarla. Una sera si confrontarono in un duetto così esilarante con Smaila e Oppini da costringermi a scappare al bagno.

Legare con i Giancattivi era difficile. Non era nemmeno possibile cenare con loro, preferivano stare da soli. Mi sembravano come angustiati, anche se sul palco erano molto bravi. Riuscii a entrare un po' in sintonia con Athina Cenci e Alessandro Benvenuti, ma facevo una gran fatica a comunicare con Francesco Nuti. Era sempre sulle sue, molto silenzioso, tendeva a isolarsi e qualche volta spariva senza dire nulla. Per cercare di rompere il ghiaccio gli chiesi un parere su uno sketch che avevo rimaneggiato. Lui mi fissò un appuntamento nel suo camerino e quando mi presentai non lo trovai. La Cenci lo stava cercando, incazzata, da mezz'ora, perché erano stati chiamati dalla regia per registrare il loro numero. Una sarta mi rivelò che l'aveva visto entrare in bagno e così andai a recuperarlo.

"Francesco, sono Carlo," dissi, bussando alla porta.

"Sìì, Carlo," fece lui dall'altro lato.

La porta si aprì. Era seduto sul gabinetto a leggere *Tex*.

"Ti cercavo per farti ascoltare il mio sketch, ricordi?"

"Ah già, è vero... ma tra poco devo andare in scena per la registrazione," replicò senza alzare lo sguardo dal giornalino.

"Francesco, ma stai bene?"

"Mi girano i coglioni."

"E perché?"

"So' cose nostre... ciao," e richiuse la porta con il piede.

Era un ragazzo dal carattere misterioso, ma nel corso degli anni riuscii a conoscerlo meglio. Era buono, generoso, gentile, estremamente sensibile, ma di colpo si adombrava. Era come se una nuvola grigia passasse sopra di lui, smorzando il suo bel sorriso. Ho sempre pensato che sapesse godere della sua felicità soltanto in parte, o in certi frangenti; aveva però un estro straordinario, una mimica che sosteneva alla perfezione i suoi inconsueti tempi comici.

Un giorno che aveva l'umore giusto recitò davanti a me un monologo in cui un militante comunista cercava invano di prendere la parola durante un comizio alla Festa dell'Unità. Era una sequenza di frasi smozzicate tipo: "Scusa... se permetti... fammi parlare... sì, ma se... scusa, posso... io dico che... posso parl... vorrei dire soltanto che... scusa... no, sono d'acc... cazzo, fammi parl... fammi dire, dai... permetti?... scusa... scus..." Tra una parola e l'altra alzava la mano per farsi notare e intervenire. Ma nessuno se lo filava. E lui, convinto, andava avanti a un ritmo travolgente, si infervorava sempre di più, fino a rallentare per sfinimento e poi abbandonare il raduno. Il tutto per ben quindici minuti! Rimasi a bocca aperta e lo esortai a portare in scena quel pezzo da novanta, così geniale, così futurista. Ma lui, chinando la testa, concluse rassegnato: "Non credo sarà possibile, ricorda che siamo in tre." In quel momento ebbi il sentore che Francesco presto si sarebbe separato dagli altri compagni.

Il giorno della registrazione della prima puntata avevo scritto cinque sketch su sei e Trapani decise di iniziare con quello del bambino di Dio, uno dei miei personaggi più amati. Per parte mia non ero assolutamente sicuro, mi ponevo mille dubbi. Invece nell'istante in cui si accesero le telecamere si accese anche col pubblico in studio una bella intesa, che mi incoraggiò a proseguire con scioltezza. Stavo funzionando. Facevo ridere. Piacevo al regista, agli autori, ai produttori. L'eccitazione di essere parte di un programma così rivoluzionario mi spinse a scrivere con più fiducia e ottimismo anche gli altri sketch. *Non stop*, che andava in onda sulla Rete Uno, scavalcava e superava tutti gli stereotipi del tipico varietà televisivo. Per la festosa anarchia che rimarcava la mancanza di un conduttore, per le stravaganti e colorate scenografie, per l'utilizzo pop del chroma key, per le coreografie dei balletti che si alternavano ai numeri di cabaret, per i mai scontati ospiti musicali. Era come un mosaico scompigliato. Un negozio di chincaglierie dove si potevano trovare le cose più curiose. Enzo Trapani era veramente un rivoluzionario che stava cambiando la televisione.

C'erano serate in cui rimanevo solo come un cane, perché tutti i miei colleghi, una volta terminate le prove, prendevano le auto e filavano via per le serate nei locali di cabaret. Chi a Verona, chi a Pistoia, chi a Bologna. Una sera d'inizio autunno per impiegare il tempo in qualche modo decisi di andare al Teatro Erba, che più volte avevo osservato dalla finestra della mia camera. C'era in cartellone uno spettacolo di Carlo Campanini, attore apprezzatissimo in casa nostra per le sue scenette con Walter Chiari in televisione. Appena appariva sullo schermo, mamma ci chiamava contenta: "Ragazzi, venite, c'è Campanini con Chiari in tivù!" Lo adorava. Lo reputava un artista amabile, di gran classe, con un volto signorile che ben rappresentava un modo di recitare che non esiste più. Mentre ricordavo quei tempi, imbambolato, di fronte all'ingresso del teatro, ecco che arriva un'auto dalla quale scende Campanini in persona! Vincendo la timidezza mi presentai a quell'icona della televisione in bianco e nero e della mia gioventù. Lui sorridendo mi chiese se ero uno spettatore. "No, sono Carlo Verdone, un giovane attore alla prima esperienza in RAI..." risposi, imbarazzato.

"Auguri, allora! Sento dall'accento che lei è romano... è così?" domandò Campanini.

"Sì. Volevo semplicemente ringraziarla per aver segnato con il suo talento tanti bei momenti della mia famiglia. La stimiamo molto."

"Che caro che sei. Senti, perché non vieni una delle prossime sere a vedere il mio spettacolo? Ti faccio trovare un biglietto. Voglio offrirtelo io, stai per diventare un collega..."

"Ma no, ci mancherebbe, non scherziamo. Ci penso io."

"Allora promettimi che quando verrai passerai a salutarmi in camerino," disse, stringendomi la mano. Poi varcò spedito la soglia del teatro.

Quando riferii a mamma di quell'incontro fu molto felice. Con la sua affabilità nei miei confronti, Campanini aveva confermato l'idea di brava persona che ne aveva lei. Qualche giorno dopo andai a vedere lo spettacolo. Era vecchia maniera: spiritoso, educato, con barzellette, racconti e monologhi alternati a balletti. Era il passato. Ma avevo molto rispetto per quegli attori così ricchi di vecchio stile e gran dignità. Al termine passai dal camerino, e Campanini fu contento di vedermi e mi abbracciò. "Mi potevi avvertire, però! Ti avrei lasciato un invito. Ormai sei un mio collega!" ripeté.

"Mi ha divertito tanto il suo spettacolo. Per il resto, magari fossi un collega alla sua altezza! Sono appena agli inizi."

"Non devi avere paura. Se hai qualcosa da esprimere fallo con forza e con tanta fiducia in te stesso. Ormai siamo vecchi, abbiamo bisogno di giovani attori che ci mandino in pensione..." Poi tacque, fissandomi con un velo di tristezza. "Se fossi proprio tu a farlo ne sarei davvero soddisfatto," riprese, "perché sei un bravo ragazzo. Auguri per tutto, giovanotto!" e sorridendo mi diede un affettuoso buffetto.

Quella sera fu molto importante per me. Avevo sfiorato un'epoca passata, captandone l'atmosfera, l'essenza, la grazia attraverso quelle poche parole scambiate con Campanini. Avvertii forte dentro di lui la sincera speranza di un ricambio generazionale, il desiderio di tramandare un'arte prima di morire. Cosa che purtroppo avvenne sei anni dopo. Venni a sapere che era un uomo profondamente religioso. Si era accostato alla fede dopo alcuni gravi dispiaceri familiari, diventando un devoto spirituale di Padre Pio, al punto da decidere di farsi seppellire a San Giovanni Rotondo per essere il più vicino possibile al suo santo.

L'anno dopo, durante le registrazioni di un programma televisivo, avrei incontrato anche Macario, indiscusso monumento dell'avanspettacolo, della rivista, del teatro, della televisione. Voleva conoscermi perché aveva sentito parlare di me. Andai nel suo camerino che ero tutto agitato, anche perché era il mio idolo di quando ero bambino. Ma non provai la stessa emozione che mi aveva suscitato Campanini. Mi aspettavo un uomo spiritoso e sorridente, invece mi ritrovai di fronte a un tipo severo, molto sulle sue. Non aveva neppure il ricciolino sulla fronte. Dopo avermi scrutato in silenzio per alcuni secondi osservò: "Mi dice Trapani che hai un gran talento. È il periodo dei comici col cognome di animale... Verdone, Grillo... Continua così che diventerai famoso."

Accennai un saluto con la mano. Lui ricambiò lanciandomi un bacio seguito da una smorfia comica che faceva parte del suo repertorio. Uscii. Avevo provato un certo stupore nel vedere il mio eroe dell'infanzia così serioso. Ma in ogni caso ero felice che avesse voluto incontrarmi.

Una sera i Gatti decisero di portarmi nel tempio del cabaret di Torino, il luogo dove si esibivano tutte le nuove leve: e così feci il mio primo ingresso al Centralino. Era di scena La Smorfia, e io da tempo desideravo assistere a una loro performance dal vivo. Lo spettacolo terminò dopo appena mezz'ora. Dopo una partenza formidabile, Troisi iniziò a rallentare, ad abbassare il tono della voce. Lello Arena ed Enzo De Caro tentavano di mantenere il ritmo. Ma si dovettero arrendere. Molto affaticato, Massimo raggiunse il retro del palcoscenico e lo spettacolo fu interrotto. Cinque minuti dopo Giancarlo Cara, direttore del Centralino, annunciò desolato ai presenti che lo show finiva lì. Tutti noi raggiungemmo preoccupati il backstage. Troisi era accasciato su una sedia, tutto sudato, abbandonato all'indietro, e respirava male. Con stupefacente serenità, fu paradossalmente lui a tranquillizzare noi. "Guagliù, nun ve preoccupate, devo andare a casa a piglià qualche medicina... Chiedete scusa al pubblico da parte mia," ci disse con un filo di voce. Poi si aggrappò alle braccia di Enzo De Caro e Lello Arena e se ne andò sorretto da loro. Non conoscevo ancora Troisi personalmente ma capii che aveva seri problemi di salute. In quei pochi minuti percepii subito, nettissimo, il ticchettio irregolare della valvola cardiaca che avrebbe scandito il resto della sua vita.

Al Centralino ritornai qualche settimana dopo per vedere Beppe Grillo, che all'epoca era il più pagato di tutti. La sala era strapiena, ma lui non era in forma. Ciondolava per il palco, restava in silenzio, balbettava, perdeva inesorabilmente colpi, e qualcuno del pubblico glielo fece anche notare, con poco tatto. I più educati si alzarono e andarono via in silenzio, altri protestarono. Io restai lì, ammutolito, a cercare invano di capire cosa diavolo gli era preso. Iniziavo a comprendere che la vita di un attore è molto impegnativa, stressante, e per chi è già arrivato al massimo può diventare alienante.

Uno dei luoghi che amavo di più degli studi RAI era la sartoria. Era una specie di agorà dove poter scambiare chiacchiere su qualsiasi argomento: dalla politica al meteo, dalle ricette di cucina all'inciucio. Alla metà di ottobre mi trovavo proprio lì a provare gli abiti di un mio personaggio mentre la radio trasmetteva in diretta le elezioni del nuovo papa. Il volume era altissimo perché la sarta era un po' sorda, poi ecco che lo speaker annuncia solennemente: "Abbiamo il nuovo pontefice, Karol Wojtyła."

"Uoitiua!" gridò la sarta.

"Che nome strano, eh, signora?" replicai.

"Oddio, che disastro, è un nome africano! Hanno eletto un papa negro... è la fine del mondo!" e la sarta cominciò ad agitarsi. Credo si riferisse alla famosa profezia di Nostradamus:

comunque fosse, si precipitò in corridoio a proclamare come un'invasata che era arrivata la fine del mondo, perché avevamo un papa di colore. Anzi, un papa *negro*. (Erano anni in cui non esisteva il *politically correct*.)

Tra i camerini e le sale di prova si diffuse il timore che davvero quel Uoitiua potesse essere l'Anticristo. Qualcuno, più spregiudicato, non esitò a sparare commenti razzisti. Finalmente arrivò un assistente regista a sedare quella baraonda di tecnici, cameramen, uscieri, sarti e addetti vari. "Fermatevi! Il papa non è africano, è polacco!" urlò. "L'ho visto adesso in televisione, è più bianco di una mozzarella!"

Molti furono sollevati, altri abbozzarono una smorfia di delusione: Nostradamus era il beniamino dei fanatici di esoterismo. A me piaceva l'idea di un papa straniero: mi chiedevo come avrebbe parlato, con quale accento, e come avrebbe cercato di avvicinarsi agli italiani e alla loro cultura. Ma evidentemente erano pensieri troppo progressisti per quei tempi.

Nel frattempo le prove e le puntate andavano avanti con grande distensione, tra tutti noi c'era un bello spirito di gruppo e niente invidia, nonostante alcune disparità di tenuta in video. L'obiettivo comune era fare un buon programma. Però accadde una cosa che mi turbò parecchio. Un pomeriggio, prima di una registrazione, Trapani m'invitò in cabina di regia. "Senti, Carlo, ho bisogno che m'inventi un tormentone che faccia da collante tra uno sketch e l'altro," mi disse. Mentre lui spiegava, lo sguardo mi cadde sulla pistola appoggiata sulla console. Sembrava la Smith & Wesson dell'ispettore Callaghan.

"Enzo... ma cos'è quella?" domandai, agitato.

"È la mia pistola," rispose lui, come se si trattasse di un oggetto qualsiasi.

"Ma è vera? Non mi dire che è carica..."

"Che mi porto, un giocattolo? Certo che è carica."

"Ma che ci devi fare con quella? Mica ci vorrai ammazzare tutti?!"

"Non ammazzo nessuno... al massimo m'ammazzo io!"

I Gatti sapevano di quella pistola. Semmai si sorpresero del fatto che non mi fossi ancora accorto della fondina ascellare che faceva capolino sotto la giacca di Trapani. Loro la prendevano con leggerezza, come se si trattasse di una passione qualsiasi, tipo la filatelia. E infatti l'assistente di regia mi spiegò placidamente che Trapani era un collezionista di armi e se le portava appresso in studio. Erano anni che lo faceva. Mi confidò che attraversava momenti di depressione e che per uscirne ricorreva a vari amuleti. Anche la pistola era un amuleto. Ero sbigottito: per me era inconcepibile che un depresso potesse consolarsi con una pistola carica. Le mie perplessità aumentarono quando l'assistente mi disse che Trapani prendeva il Librium, un vecchio, potente ansiolitico – i cui metaboliti duravano oltre settantadue ore – e che la sera la cosa che preferiva era rintanarsi nel suo residence in compagnia di una bottiglia di whisky. Eppure al lavoro era sempre lucidissimo.

Io meno. Dopo due mesi iniziai ad avvertire i primi segni di malessere. Ero afflitto da violente emicranie che mi stendevano al tappeto. Trapani pensava che fossi ipocondriaco: già quarant'anni fa mi avevano rifilato un'etichetta che ancora oggi francamente mi rompe i coglioni! Macché ipocondriaco: stavo veramente male, al punto tale che mi calò una palpebra. Avevo provato tutti gli antidolorifici esistenti nel prontuario farmaceutico italiano. Niente da fare. Chiesi aiuto al medico della RAI, il quale, poverino, faceva quel che poteva. Ogni mattina mi somministrava per via intramuscolo una dose di vitamina B, che servì soltanto a farmi ingrassare. Ma poi di colpo la situazione migliorò e le emicranie si limitarono a qualche sporadico episodio.

Le registrazioni intanto si avviavano verso la fine. A Roma ero ritornato pochissime volte. Avevo una paura dannata dell'aereo, ma lo prendevo lo stesso, pur di guadagnare un po' di tempo da trascorrere con i miei cari. Partivo il venerdì sera dall'aeroporto di Caselle con una paura terrificante perché c'era sempre la nebbia, ma all'arrivo trovavo a ripagarmi di tutto il sorriso raggiante di Gianna. Avevamo un sabato intero a disposizione per noi, poi la domenica alle sei di sera andavo a Roma Termini e prendevo il treno che mi scaricava alla stazione di Torino Porta Nuova all'una e venticinque. L'ultimo dei miei viaggi di ritorno lo feci tranquillo e rilassato. Sapevo che quella fatica stava per finire e che non avrei più preso quel treno. Era la fine di novembre, e nello scompartimento eravamo soltanto io e una donna sui trentacinque anni. Era alta, aveva i capelli alla Jimi Hendrix (ma più ordinati), pantaloni di velluto, un giubbotto di pelle e due occhi neri che ti frugavano fin dentro l'anima. Sembrava uscita da un film di Godard. Mi chiese una sigaretta, l'accese e da lì cominciò a farmi un sacco di domande alle quali risposi apertamente, come se fosse una conoscente e non una passeggera ignota incontrata quella sera. Le raccontai del mio diploma al Centro sperimentale, dell'esperienza nei teatri off e della grande opportunità di *Non stop*. Parlammo per ore. Anzi, parlai: la tipa ascoltava, annuiva, laconica. Non mi rivelò nulla di sé, tranne che faceva l'operaia in una fabbrica o qualcosa di simile. Si capiva che era una donna forte, istruita e intelligente. Appena il treno entrò in stazione lei si alzò, afferrò il borsone sulla cappelliera e a bruciapelo mi disse: "Tu avrai molto successo, me lo sento."

E io: "Come fai a dirlo se non mi hai neppure visto all'opera?"

"Lo sento. Hai entusiasmo. Le persone come te ce la fanno, fidati di me," e mi diede una vigorosa pacca sulla spalla. Rapida scese dal vagone e scomparve nella nebbia della fredda notte torinese. Era stata così affettuosa nel farmi quell'augurio. Un paio d'anni dopo lessi sul giornale un articolo di cronaca nera su una banda di terroristi sgominata dai carabinieri dopo un violento conflitto a fuoco, non ricordo se a Genova o in Piemonte. C'erano una lista di nomi, nomi di rilievo della lotta armata, e le fotografie degli arrestati. Tra queste, con stupore, riconobbi senza esitazioni la donna del treno: faceva parte di una cellula terroristica del Nord Italia. La notizia mi colpì molto. Il ricordo delle sue parole, affettuose e benauguranti, faceva a pugni con la cruda realtà di una sovversiva coinvolta in azioni sanguinose.

"Carlo, forse faremo una puntata in più, quindi devi preparare uno sketch al volo. Sei la mia punta di diamante, ti concederò anche sei minuti. Ti tratterò bene," m'informò Trapani al mio arrivo in studio l'indomani. Sulle prime la notizia mi fece andare in crisi, ma poi – grazie anche ai suggerimenti del regista – riuscii ad assemblare diversi elementi (tic, gesti, sguardi, battute) da personaggi vari. Così nacque, in un clima di smobilitazione molto poco incoraggiante, il numero dell'astrologa, che avrebbe ottenuto un altissimo gradimento da parte del pubblico. Lo scrissi in mezz'ora.

"Siete stati dei ragazzi fantastici, dei figli straordinari. Sono fiero di voi e vi auguro le più grandi soddisfazioni. Ne avrete tante, ve lo assicuro," disse Trapani a tutti noi l'ultimo giorno di lavoro. Parole semplici, ma dense di affetto e commozione. Tra noi colleghi ci ripromettemmo di non perderci di vista, ma come spesso accade non fu così: alcuni li avrei rivisti, altri no. Come Stefania Rotolo, che morì appena tre anni dopo per un brutto male. Prima di lasciare gli studi di Torino andai a salutare tutti: i tecnici delle luci, gli assistenti, le sarte, il barista, gli addetti della mensa, gli uscieri... anche il medico che mi aveva iniettato invano tutta quella vitamina B. Passai al volo da Giancarlo Cara, che mi strappò la promessa di tornare a Torino con uno spettacolo dal vivo al suo Centralino. Stavo per lasciare quei luoghi con un gran magone. L'unica cosa da cui mi congedavo senza malinconia era l'hotel Fiorina.

Due ore prima della partenza mi convocò Bruno Gambarotta, allora dirigente della RAI di Torino. Feci le valigie di corsa, presi un taxi di corsa e andai da lui in via Verdi di corsa. "Si accomodi, Verdone," mi disse Gambarotta, ricevendomi nel suo bellissimo ufficio. Sembrava una scena da *Il posto* di Ermanno Olmi: atmosfera grigia, un uomo settentrionale, un romano in cerca di lavoro e possibilmente di successo.

"Lei ha la macchina?" mi chiese.

"Non ancora, ma conto di comprarla, se le cose dovessero andare bene... magari con gli spettacoli nei locali... pensavo a una Fiat 127..." risposi, incerto.

"Lo vuole un consiglio? Li risparmi, quei soldi."

"Intende dire che sarebbe meglio un motorino?"

"Nessuno dei due. Lei tra poco andrà in giro in Mercedes con l'autista."

"Ma che dice, dottore, come fa a dire una cosa come questa?"

"Si fidi... Lei qui a *Non stop* ha fatto un capolavoro. Se ne rende conto?"

"Assolutamente no."

"Capirà quando andranno in onda le puntate. Per questo la ringrazio, e la prossima volta che viene a Torino passi a trovarmi nella sua bella Mercedes!"

"Lei è troppo ottimista..." gli feci sorridendo.

"Sono semplicemente realista. Buon viaggio," e mi strinse la mano.

Finalmente presi il treno del ritorno, il Parigi-Torino-Roma, detto anche Palatino. Durante il viaggio pensai a quanto mi aveva dato quella città che all'inizio avevo odiato profondamente. La tristezza dei primi giorni si era diradata grazie al bene che Torino mi aveva voluto, guidandomi nella mia crescita artistica. Era una metropoli *délabrée* con un suo particolare carisma dovuto anche a quella perenne caligine che mi faceva sentire lontano anni luce da Roma. Anche se poi mi piaceva l'idea di poter raggiungere la notorietà in un ambiente così diverso dal mio.

Dopo essere stata sede delle Olimpiadi invernali 2006, Torino si è trasformata: ora è raffinata, vivace, con tanti giovani impegnati in attività sociali, piena di eventi culturali, bei ristoranti e bar. Non a caso ogni volta che mi chiedono in quale città mi piacerebbe vivere, a parte Roma, rispondo Torino. E quella volta viaggiando verso Roma riuscii a godermi in solitudine il litorale toscano tra Livorno e Grosseto che mi aveva raccomandato mio padre: quello dei macchiaioli. E così, al di là del finestrino pieno di ditate, il mio sguardo rincorreva scorci di Fattori e Borrani mentre fumavo rilassato la mia Lark rossa americana. Impaziente di ritornare a casa, non facevo che ripetere dentro di me: "Ce l'ho fatta. Missione compiuta."

Alla messa in onda della terza puntata di *Non stop* capii che ce l'avevo fatta davvero, perché tante persone per strada mi riconoscevano, imitavano le mie battute e chiedevano il mio autografo. Avevo fatto il mio primo passo da gigante, stavo conquistando la notorietà, ma come contraccolpo cominciarono a manifestarsi gli attacchi di panico. Mi prendeva un'ansia esagerata che in pochi minuti si manifestava con iperventilazione e sudorazione e scoppiava infine in un incontrollabile senso di paura che mi rendeva incapace di stare da solo, di camminare, di guidare, di attraversare la strada. Era una reazione alla celebrità, era paura di quella nuova strada che mi si era spianata davanti. Una lotta contro un mestiere, quello di attore, che non desideravo fare. Furono la mia forza d'animo e i primi ingaggi a farmi superare quella fase difficile. All'indomani dell'ultima puntata dello show mi chiamò Giancarlo Cara per tre serate da tutto esaurito al Centralino: in platea passarono l'intera squadra del Torino di Zaccarelli, il grande Ubaldo Lay (che per venti minuti mi ricoprì di complimenti), Felice Andreasi e prestigiosi registi RAI come Eros Macchi e Romolo Siena.

Dopo *Non stop* fu tutto un susseguirsi di telefonate (da mezzo cinema italiano, fino a quella, fatidica, di Sergio Leone), ma in quel frangente era entrata in campo una delle mie qualità migliori: la capacità di amministrarmi. Dovevo resistere a quelle proposte attraenti e saper aspettare.

Intanto con i guadagni della RAI e degli spettacoli nei locali aprii un libretto al portatore al Monte dei Paschi di Siena e senza ascoltare il consiglio di Gambarotta (dovevo pur andare in giro, in attesa della Mercedes con l'autista) mi comprai una Fiat 127 bianca che mi faceva sentire finalmente un signore. Non dovevo più architettare piani per sottrarre l'auto ai miei e potevo dire con orgoglio: "Ho la macchina, posso accompagnarti io."

Andava in onda la penultima puntata quando mi arrivò una lettera da Torino: era da parte di un gruppo di ragazzi e ragazze che facevano parte del pubblico di *Non stop*.

"Caro Carlo, Torino è più vuota senza voi tutti. E nel teatro della RAI c'è un malinconico silenzio. Non abbiamo il telefono e l'indirizzo degli altri. Prometti di salutarceli con tanto affetto? Siete stati magnifici. Noi facciamo a gara a chi fa meglio lo sketch della pistola e del porto d'armi. Grazie, Carlo, un bacio e un abbraccio." E sotto una decina di firme. Li ricordavo tutti. E mi commossi tanto. Mi sedetti alla mia scrivania e cominciai a ripercorrere quel lungo periodo che avrebbe cambiato la mia vita, anzi, l'aveva già cambiata.

Provai una sensazione strana, bella. Fui travolto da una valanga di situazioni, emozioni, volti, voci, suoni. All'inizio erano frammenti indistinti, poi pian piano si misero a fuoco e si ricomposero sulla tela della memoria di quei mesi fondamentali vissuti a Torino, città alla quale sarò sempre riconoscente per avermi tenuto a battesimo. Ricordai il grande orologio sulla banchina deserta di Torino Porta Nuova che mi accoglieva all'una e venticinque di notte; gli sguardi assorti di viaggiatori pensierosi, assonnati o logorroici; i vicini di scompartimento che mi raccontavano in poche ore la loro vita banale o sorprendente; la lontananza della mia famiglia e gli abbracci di Gianna all'aeroporto; le scale dell'hotel Fiorina che ogni sera salivo mestamente, portando in mano la solita bottiglia d'acqua; la solitudine nella mensa serale alla RAI; l'insegna luminosa del Teatro Erba offuscata dalla prima nebbia della sera; l'orgoglio di aver potuto stringere la mano a Campanini e Macario e di aver ricevuto il loro incoraggiamento; le risate con i Gatti di Vicolo Miracoli e l'imperscrutabilità di Nuti; i primi applausi del pubblico e gli occhi neri della terrorista. Infine le lodi elettrizzanti di Enzo Trapani e la sconcertante, profetica visione di quell'arma con la quale undici anni dopo avrebbe calato il sipario sulla sua esistenza.

LA BISCA

Il portone della bisca dei flipper in piazza della Trinità dei Pellegrini.

Negli anni sessanta e settanta a Roma, come credo anche in altre città, esistevano le bische. Erano frequentate da gente poco raccomandabile e vi si praticava il gioco d'azzardo. Spesso i gestori per ingannare la legge davano ai loro locali dei nomi che erano bizzarre sigle di ispirazione culturale, tipo CADAIM, che voleva dire Centro Affermazione Divulgazione Arte Italiana nel Mondo. Ma cultura de che? A me e ai miei amici veniva da ridere, perché bisognava avere la faccia come il culo per chiamare così un centro di riciclo di soldi sporchi, usura e traffico di gioielli rubati. Poi aprirono anche dei locali che pur mantenendo il nome equivoco di bische erano in realtà destinati ai ragazzi, studenti come noi, ma anche malandrini e nullafacenti. Non ci si giocava a poker, ma a flipper e biliardino. Una volta che cominciavi a giocare a flipper eri fregato, perché ci saresti tornato spesso, drogato dai suoni, dalle luci colorate, dalla sfida continua alla tua prontezza di riflessi nel lanciare la biglia, stopparla e indirizzarla verso un obiettivo in grado di farti guadagnare punti. La vera goduria era poter battere il record che qualcuno aveva inciso sulla cornice del flipper. Non ci riuscivi mai, ma era già un successo anche solo avvicinarsi a quel numero composto da sei cifre alte. Frequentando parecchie di queste bische il pomeriggio prima di mettermi a studiare avevo notato che i record di tutti i flipper del mio quartiere appartenevano a un certo Silvano er cilindro. Per me e per i miei amici questo Silvano era una sorta di leggenda misteriosa. Non l'avevamo mai visto, non sapevamo nulla di lui. Solo una volta il vecchio proprietario di una bisca ci disse: "Se vede poco. Viè de rado..." Noi l'avremmo voluto vedere alla prova, avremmo voluto capire come poteva arrivare a quei punteggi mostruosi senza fare tilt. Doveva avere una tecnica che volevamo studiare. Roma in quel periodo nei quartieri non lontano da Campo de' Fiori pullulava di ragazzotti che lavoravano per modo di dire. Sotto casa mia si radunavano all'ora di pranzo al bar di via dei Pettinari. Uno faceva il portiere, un altro il carrozziere, un altro il garzone, un altro ancora, in giacca e cravatta, era un autista del vicino ministero di grazia e giustizia. E c'era chi non faceva niente. Tutti all'epoca avevano uno scooter o una moto, sempre truccati. Vespe e Lambrette con la doppia marmitta, Morini, Gilera o Aermacchi con la testata abbassata. Era molto divertente ascoltare i loro discorsi perché gli argomenti erano sempre e soltanto due: fica e motori. Ognuno aveva un'avventura da raccontare, e che fosse vera o inventata non importava. Facevano ridere per il loro vocabolario e per i gesti con cui accompagnavano e precisavano i dettagli. Era un gran teatro all'aperto dal quale inconsciamente assorbivo quello che un giorno avrei rappresentato a modo mio. Gran parte di ciò che ha fatto ridere il pubblico lo devo a questi eroi del cazzeggio, a questi campioni della mitomania.

Un giorno Giovanni, il mio migliore amico, mi chiese di accompagnarlo in una bisca dove non eravamo mai stati. Si trovava vicino a piazza del Monte di pietà, alla fine di via dei Pettinari. Era un luogo che evitavamo, perché c'era troppa gente strana che trafficava attorno al Monte dei pegni: puntava i disgraziati che si andavano a impegnare qualcosa, comprava e squagliava oro, trafficava in pellicce... Si diceva che se ti avessero rubato un orologio al quale tenevi o qualche oggetto prezioso potevi rivolgerti a una certa persona, che dietro ricompensa il più delle volte qualcosa ti faceva ritrovare. Doveva essere il basista, o qualcuno vicino a lui. Quel giorno, dopo pranzo, arrivammo di fronte al grande portone d'ingresso di questa oscura bisca. Fuori, appoggiato al muro, un cinquantenne col capello un po' lungo e qualche mèche. Aveva un soprannome, Er Saraga: anni dopo lo ritrovai sul giornale, in cronaca nera. Era stato ammazzato a colpi di pistola. Abbronzato, pieno di ori al collo e ai polsi, fuma e fissa una bella donna che gli passa davanti in jeans attillati e capelli al vento. Con tono da rimorchio d'altri tempi le dice: "A bella cavalla... Se cerchi 'n fantino l'hai trovato." E così dicendo con una mano si palpeggia la patta dei pantaloni. Ridemmo tanto. E quel gesto diventò negli anni a venire il mio cavallo di battaglia nella rappresentazione del bullo di *Un sacco bello*.

Entrammo. Era uno stanzone immenso, con un forte odore di umidità e i muri scrostati. A tutte e quattro le pareti erano addossati tanti flipper, tutti occupati. Fumavano quasi tutti, e l'ambiente aveva un che di irreale: un girone sinistro di drogati del gioco. Nessuno parlava, si sentivano solo gli urti della biglia di acciaio sui bumper colorati che facevano scattare il punteggio. Ogni tanto partiva un *ma vaffanculo...* per un tilt o una biglia persa. Arrivò il nostro turno. Giocammo su un flipper per noi nuovo: si chiamava Luna Shot. Io ero diventato bravino, arrivavo a punteggi molto alti, ma su quel flipper ero un vero disastro. Era troppo sensibile, e collezionavo tilt su tilt. Decisi di spendere l'ultima moneta prima di tornare a casa a studiare. Mentre dividevo la partita con Giovanni, una biglia lui, una biglia io, sentii all'improvviso un gran clamore. Ci voltiamo e vediamo un cafone che più cafone non si può, capelli un po' a banana, occhiali scuri a montatura arcuata antivento, camicia e pantaloni neri. Era accompagnato da un codazzo rumoroso di ragazzi. Si era avvicinato a uno dei tantissimi flipper ma non stava ancora giocando. Si era messo a raccontare qualcosa, ma non riuscivamo a sentire bene. Siccome aveva un tono di voce interessante, rauco e volgare, decidemmo di mollare la partita e andare a sentire. Io e Giovanni eravamo sempre curiosi, perché queste voci di romani sbruffoni regalavano battute memorabili, battute che solo l'immensa creatività della coatteria poteva inventare. L'uomo in nero stava raccontando una scopata che si era fatto il giorno prima. Lo ricordo bene perché tornato a casa scrissi subito tutto nel mio quaderno di appunti per poterne fare l'imitazione. Come un megalomane, davanti a una platea sguaiata, si vantava così: " ... stavamo dietro a 'n distributore sulla Collatina. Già j'avevo dato de preliminari... C'ero annato de cesello co' la lingua sopra e sotto pe' mezz'ora. La vedo che nun ce capiva più gnente... Me strillava 'Sbrigate, famme godé ... So' pronta'. E io: 'Guarda che nun ce riuscimo dentro 'sta màghina ... Stamo stretti 'na cifra. Lei me fa: 'Provace, Silva'...' 'Ma che ce provo... è 'na centoventiquattro! Che m'hai preso, pe' 'n contorzionista?' Co' questa che strillava 'sbrigate!' nun ce penso du' vorte... Esco senza mutanne e senza camicia, la pijo pe' 'n braccio e 'a stenno sur cofano. Ahó, so' stato venti minuti a fà er pistone. Alla fine m'ha ringraziato... Pensa che quanno avemo finito m'ha fissato co' du' occhi dorci e m'ha detto 'grazie, Silvano...'. Io j'ho accarezzato i capelli e je ciò caricato: '... dimme che t'ho fatto toccà er cielo co' 'n dito'. Lei me guarda, me bacia e me fa: 'Er cielo? Ma tu m'hai dato 'a luna co' tutte le stelle...'." Poi il coatto dà le spalle a tutti, prende cento lire, le infila nel flipper e incomincia a giocare, lasciando la platea sconcertata e divertita insieme.

Io e Giovanni eravamo piegati in due dalle risate, c'eravamo voltati per ridere senza farci vedere. Ci stavamo sentendo male. Fu proprio lui a farmi notare che quel coattone si chiamava Silvano. Silvano, come quello che firmava i record sulle cornici dei flipper. E se fosse stato lui? Lo guardammo giocare: era veramente esperto, bravo. Forse era proprio lui il mito che inseguivamo. Dopo quel racconto l'eroe della nostra immaginazione s'era ridotto a un vero mitomane, un cazzaro, ma di gran talento. Perché la disinibizione e la passione adrenalinica che aveva messo nella sua megalomania traboccava di creatività assoluta. Prima di andar via chiedemmo al proprietario della bisca se quel Silvano era il campione dei flipper. Ci rispose con voce scoglionata: "Ma nun so manco chi è... Me sembra uno che esce solo pe' camminà e dì cazzate." Restammo interdetti e ce ne andammo. Per la strada già cominciavo a recitare per Giovanni quel monologo di rara, comica volgarità. Mi veniva benissimo. Ignaro che un giorno sarebbe diventato uno dei tanti protagonisti della mia vita artistica. E forse l'inizio di *Troppo forte* è merito anche suo. O tutto suo.

Frequentare le bische per giocare a flipper fu una grande lezione per capire un'anima popolare, al limite della legalità o immersa nella totale illegalità, che non conoscevo bene. Ma forse l'apice della volgarità lo vedemmo in un'altra bisca, nel rione Parione, dietro piazza Navona. Solito tugurio sporco, dalle pareti fradice, con quattro o cinque flipper sparsi nello stanzone.

Un capannello di ragazzi che schiamazza, ride, incita qualcuno. Mi avvicino con Giovanni e vediamo un quarantenne in jeans e camicia aperta completamente sdraiato sul flipper, che mima un amplesso violento mentre gioca. La cosa assurda è che riusciva ad andare avanti con la partita, premendo perfettamente i pulsanti del flipper, senza mai perdere la biglia. Ma soprattutto senza mai fare tilt. Trattava il flipper come una donna sottomessa, urlando, tutto sudato: "E godi, li mortacci tua! Godi.... Io te sfonno! Te sfonno!" Risate, battutacce e incitamenti. Io pensavo che fosse un pazzo drogato: era una scena al di là di ogni immaginazione. A un certo punto qualcuno se ne uscì con una battuta che non capimmo, ma da quello che successe poi doveva avere un'attinenza con le misure del pene del giocatore. Il pazzo allora molla il flipper, si mette le mani sui fianchi e inizia un dialogo assurdo con la platea che lo circonda e che lo prende per i fondelli. Improvvisamente si cala i jeans e le mutande. Dice: "A stronzo... Be'... Mo' nun parli più?" E mostra spudoratamente l'arnese al capannello, che di colpo rimane senza parole. Solo uno ha il coraggio di intervenire: "Guarda che le maniche der cappotto restano mosce..." Un'esplosione di risate. Offeso, il superdotato si rialza mutande e pantaloni e va dentro uno stanzino borbottando: "Aspetta che se famo du' risate..." Torna con un secchio di latta vuoto ma bello grosso. Si riabbassa jeans e mutande e dopo essersi smucinato riesce ad alzare il secchio con il suo arnese. Una scena tra il patologico e il surreale. E la più grande risata della mia vita. Io e Giovanni eravamo paonazzi. Mentre la platea applaudiva ed esultava, prendendosi gioco del coatto, noi uscimmo e tornammo a casa senza mai smettere di ridere. Quell'immagine miserabile rimase con noi per diverso tempo.

Era una Roma di narcisi esibizionisti, una Roma che non esiste più. Una città che ancora non conosceva la vera violenza, la cattiveria endemica, lo spaccio diffuso, ma esibiva grandi pezzi di teatro popolare. Dove la realtà superava di gran lunga qualsiasi fantasia. Tutto questo cominciava a stimolare la mia futura creatività. E diventavo sempre più un pedinatore di italiani.

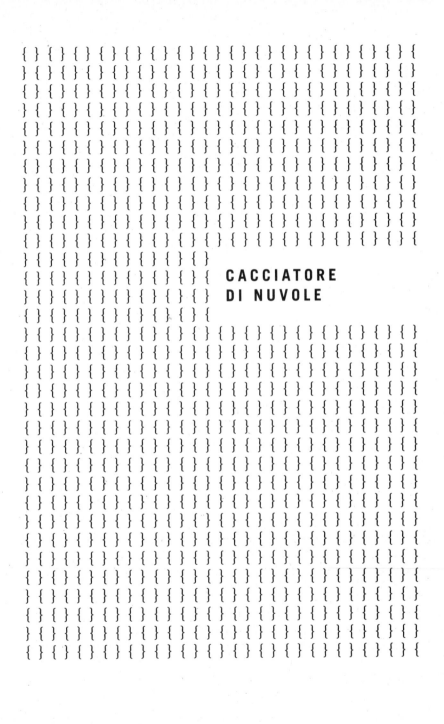

CACCIATORE
DI NUVOLE

Sul Ponte Carlo a Praga, 1973. Foto scattata da mio padre.

La nascita della mia passione per fotografare le nuvole, fermare i colori del cielo, sviluppare una certa sensibilità nell'inquadratura sempre larga, mai nel dettaglio, ha una data precisa, legata a un viaggio che feci con mio padre a Praga nel 1973. Papà doveva tenere alcune conferenze sia a Praga che a Bratislava sul cinema italiano, in particolare su Fellini. In pochi sanno quanto amore ci fosse per la nostra arte nelle repubbliche socialiste dell'Est. Ogni simposio nel quale veniva trattato un argomento che riguardasse il cinema, la pittura, il teatro, la letteratura italiana era sempre affollato da una platea istruita, attenta e preparata. Il regime comunista non poneva molti limiti a chi era laureato, colto e obbediente alla dottrina marxista. Per quel viaggio mi feci prestare una preziosa macchina fotografica da mio zio Corrado, famoso per scattare immagini sfocate o ritratti di gente con gli occhi chiusi. Non ne azzeccava uno. Era una Rolleiflex pregiata, professionale, dal rullino molto largo. Era la prima volta che decidevo di scattare delle foto in un viaggio: tutti mi dicevano che Praga era una città fiabesca. E infatti mi apparve subito come una donna aristocratica, piena di grazia, suadente e misteriosa, che non chiedeva altro di esser ricordata in uno scatto, in un disegno o in un dipinto. Mentre papà era occupato con le sue conferenze io me ne andavo in giro per la città e scattavo, scattavo. Ogni scorcio, ogni strada, ogni ponte, ogni quartiere era emozionante. Non pensavo di essere bravo, di aver chissà quale talento, ma le fotografie mi venivano tutte bene. Il merito era solo di quella città, un caleidoscopio architettonico di luci e ombre affascinanti, dense di poesia.

Un giorno, dopo aver terminato una lezione, mio padre mi disse che la sera eravamo stati invitati a cena da un famoso regista cecoslovacco. Ci sarebbero stati alcuni attori, scrittori e forse un anziano fotografo e regista che lui ammirava molto: Karel Plicka. Io ovviamente non sapevo chi fosse, ma pensai bene di portare con me la Rolleiflex perché spesso avevo un problema a caricare la pellicola con la manovella, e pensai che lui forse mi avrebbe potuto aiutare. La cena era in un appartamento lontano dal centro. Studiammo quale tram prendere per arrivare per le otto e mezzo. Quella sera compresi molto bene come funzionavano le cose in un paese comunista, nel bene e nel male. Non facciamo in tempo a salire sul tram, in una serata veramente gelida, che un gruppo di quattro ragazzotti praghesi completamente ubriachi comincia a rivolgerci una raffica di parolacce in un italiano stentato. Alcune di una volgarità irripetibile. Decidiamo di non guardarli e di non rispondere. Ma tra noi ci diciamo che quelle parolacce sono certo il frutto di qualche combriccola italiana passata per Praga a rimorchiare che ha lasciato dietro di sé una bella lezione sulle peggiori zozzerie verbali. Qualche passeggero provò a rimproverarli, chiedendo rispetto per degli stranieri. Niente. Anzi, uno di loro si avvicinò barcollando e mi sfilò dalla testa il cappellino alla John Lennon. Cominciarono a lanciarselo come se fosse una palla. E giù ancora con parolacce senza senso. A quel punto mi scattò la rabbia e urlai: "Guarda

che hai rotto er cazzo! Riporta il cappello, pezzo di stronzo."
Mio padre se la prese con me: non voleva che rispondessi a quelle provocazioni. Scoppiò un turpiloquio osceno dentro il tram, che improvvisamente si fermò. Mentre i passeggeri formavano una barriera tra noi e quegli energumeni ubriachi, salirono tre poliziotti robusti, con un cipiglio di rara severità. Si fecero raccontare l'accaduto dai passeggeri e con una violenza inaudita presero a sberle i due dei quattro che ignorando la loro presenza continuavano a urlare parole a vanvera. Dopo un attimo salirono altri tre poliziotti. I quattro ragazzi nel giro di pochi secondi vennero ammanettati, con le braccia dietro la schiena, e gettati con violenza giù dal tram. Inciamparono, caddero a terra e a calci furono sollecitati a rialzarsi per infilarsi nelle auto della polizia. Che partirono sgommando a sirene spiegate.

Mio padre tira un sospiro di sollievo e dice: "Vedi, qui c'è poco da scherzare... La polizia funziona, e rispetta gli stranieri."
Il tram non riparte, e dopo la fatidica riflessione di mio padre salgono altri due agenti. Ci chiedono i passaporti, i visti, l'hotel dove stiamo e il motivo del nostro viaggio. Papà in francese spiega che è un professore incaricato dal ministero cecoslovacco e dall'Istituto italiano di cultura di tenere delle lezioni. Non capiscono niente. Ci fanno scendere e mentre il tram se ne va restiamo lì al gelo, mentre uno dei poliziotti parla nella ricetrasmittente e detta a qualcun altro i nostri dati. A questo punto i delinquenti sembriamo noi. Mio padre allora perde la pazienza e tira fuori dal portafoglio una lettera dell'Accademia del cinema cecoslovacco. Arriva una botta di vento gelido che fa volare via i due fogli. Per recuperarli manca poco che mi investano. Finalmente dopo un'eternità e mille controlli ci riconsegnano tutto. Esausti ringraziamo e ci mettiamo ad aspettare il prossimo tram, o un taxi. Sembra la fine di un incubo assur-

do. E invece nemmeno per idea. Uno dei poliziotti nota la mia macchina fotografica. Inizia un interrogatorio fatto di gesti, parole in inglese, francese, italiano per spiegare che la macchina ce l'ho per farla controllare da una persona che può aiutarmi a risolvere un problema tecnico. Da quel poco che si capisce trovano incomprensibile che io di notte vada in giro a fotografare. Fotografare cosa? Disperato, dico a mio padre di far venire qualcuno, altrimenti finiremo di sicuro in cella. Il poliziotto senza esitazioni apre la macchina fotografica e fa prendere luce al rullino. Ricordo che esplosi in un "Nooooo..." scorato. Avevo fotografato il cimitero ebraico, il quartiere di Kafka, Malá Strana, e tanti scorci. Tutto perduto. Dopo mezz'ora arriva in nostro soccorso l'assistente dell'ambasciata italiana. Un praghese. Lui chiarisce tutto. Possiamo andarcene. E così, con un'ora e mezzo di ritardo, arriviamo alla cena dal regista. Frastornati, affamati e pure impauriti.

Dall'atmosfera surreale di Praga di notte, venata della diffidenza per la polizia tipica di quei tempi, passammo a una piccola isola felice. La casa del regista (del quale non ricordo il nome) era molto sobria, non grande, al piano terra. Nel piccolo salone c'erano non più di venti persone di varie età. Il padrone di casa era un uomo dai modi eleganti, molto ospitale. Aveva temuto che ci fossimo persi. Papà gli spiegò l'accaduto e lui si fece una grande risata, scuotendo la testa. Come se fosse purtroppo la normalità, qualcosa a cui era abituato in quel regime sospettoso di tutto e di tutti. Poi ci indicò il tavolo del buffet. Fummo presi dallo sconforto: erano rimasti un pezzetto minuscolo di polpettone, due o tre fette di salame, alcuni pezzetti di formaggio e quattro foglie di un'insalata scura con delle patate. Poi delle fette di pane e un pezzetto di dolce gelatinoso. Ci buttammo sul pane, dividemmo le fette di salame, prendemmo qualche pezzetto di formaggio molle e alla fine, per disperazione, mandammo giù pure il dolce. Era terribile.

Fummo poi presentati agli altri ospiti: la grande attrice teatrale Antonina Bogdanova, una celebrità, poi attori, scrittori, altri registi, studiosi di cinema e teatro. Mi sembrava di essere in una sequenza del film *Le vite degli altri*, ambientato a Berlino Est, dove alcuni intellettuali si danno appuntamento in un salotto per parlare in piena libertà. Papà prese subito a conversare, mentre io mi sedetti su una sedia un po' da parte a osservare quell'ambiente pieno di vitalità. Cercai di individuare il fotografo e regista Karel Plicka, ma tra i presenti non c'era nessun uomo di ottant'anni. In compenso c'era una bellissima atmosfera nel piccolo appartamento: tutti parlavano tra loro con entusiasmo, sorridenti, di buonumore. Ma quello che più mi colpiva erano i volti. Visi di gente perbene, espressioni autorevoli da cui traspariva che non potevano non appartenere a un mondo culturale di alto livello. Ognuno di loro per me poteva benissimo essere un attore o un'attrice, tanto erano interessanti nell'aspetto. Tutti i cecoslovacchi che incontravo grazie a papà avevano un tratto comune: la distinzione e una personalità piena di anima, gentile ed elegante.

A un certo punto mi si avvicinò un uomo molto alto, segaligno, con pochi capelli disordinati e gli occhiali dalle lenti così spesse che facevano appena intuire le pupille. "Mi scusi, lei è il figlio del professor Verdone?" mi chiese, in un perfetto italiano. "Mi chiamo Zdeněk Digrin." Mi alzai e gli strinsi la mano. Poi gli domandai: "Lei parla un ottimo italiano, come mai?" Rispose: "Amo l'Italia, la sua cultura, la sua lingua... Sono un drammaturgo, un critico teatrale e uno studioso della commedia dell'arte. Ho scritto molto su Goldoni." Quell'uomo era molto interessante, sembrava uscito da un racconto di Čechov. Mi accorsi che ci vedeva pochissimo perché col fiammifero che aveva acceso non riusciva a centrare la punta della sigaretta. Gli parlai della mia passione per il teatro universitario, raccontandogli dei miei primi lavori da protagonista, e gli dissi che stavo studiando regia al Centro sperimentale di cinematografia. Conosceva tutto del grande cinema neorealista, tutto di Pasolini e Rossellini. E aveva molto apprezzato la lezione di mio padre su Fellini pochi giorni prima. Raramente nella vita ho conosciuto un uomo così mite, amabile, umile e pieno di passioni culturali. Mi venne spontaneo chiedergli: "Di cosa si sta occupando ora?" "Purtroppo di nulla... Scrivo forse parole che non saranno più pubblicate." Rimasi colpito. "Professore, perché non dovrebbero essere più pubblicate? Non capisco." Digrin fissò la moquette, trasse un lungo tiro dalla sigaretta e disse una frase che riassumeva drammaticamente il clima di quegli anni in quel paese dell'Europa dell'Est: "Tu devi sempre camminare sulla strada principale, sempre. Se provi per curiosità a esplorare una piccola strada laterale, non avrai più la possibilità di camminare per nessun'altra strada..." Capivo e non capivo. Volle spiegarsi meglio e mi mostrò l'umilissima giacca lisa che indossava, i polsini della camicia senza bottoni, e un calzettone con un buco. Non seppi replicare. Ci pensò lui a chiarire: "Dalle serate a teatro sono passato alle notti in uno squallido hotel. Per punizione faccio il portiere di notte..." "Ma che cos'ha fatto per meritarsi questa punizione?" E lui, con un sorriso amaro: "Ho scritto quello che le autorità non volevano leggere. Non ho camminato per la strada principale." Rimasi assai turbato e restammo per qualche istante in silenzio. Mi sfuggì solo un timido: "Mi dispiace molto, professor Digrin."

In quel momento mio padre venne verso di noi. Digrin si presentò e gli manifestò il suo interesse per la conferenza su Fellini.

Papà apprezzò molto e rimase qualche minuto con noi fino a quando non fu chiamato dagli altri per un brindisi. Ma prima di congedarsi mi disse: "Carlo, purtroppo Karel Plicka è malato e non è potuto venire. Peccato." Allargai le braccia, come a dire: è andata così. Digrin mi chiese: "Conosce Karel Plicka?" "No. Ma avrei tanto voluto conoscerlo. Incomincio ad appassionarmi di fotografia e sarebbe stato bello parlare un po' con lui." "Conosce il suo lavoro?" "Poco. Ma quel poco che ho visto mi ha molto colpito. Prima di partire voglio comprare un suo libro." "No, non compri nulla. Domani le faccio trovare la sua pubblicazione più interessante. In quale hotel dorme, signor Verdone?" "Al Continental." "Lo avrà domani." Lo ringraziai molto per quel gesto di amicizia, una bella amicizia nata in pochissimo tempo. Accendendosi un'altra sigaretta, Digrin disse: "Posso darle un consiglio? Non imiti Plicka. Perché l'anima di Plicka è tutt'uno con l'anima di Praga. Il colore di Praga è il colore del cuore di Karel. Verdone, cerchi lo stupore dentro di lei. Non faccia fotografie per soddisfare chi le vedrà. Sennò farà solo cartoline. Segua i suoi colori, le atmosfere della sua anima. E alla fine forse troverà un suo stile. E non spieghi mai cosa ha voluto dire con una foto. La fotografia non ha bisogno di essere spiegata. Lo stupore non ha bisogno di parole." Poi guardò l'orologio, si allacciò la giacca e mi salutò con un abbraccio caloroso. Era evidente che stava andando al lavoro nell'albergo dove faceva il portiere di notte. Non lo rividi più. Morì nell'ottobre del 1988 a Praga. Faceva sempre il portiere di notte.

Avevo conosciuto una persona veramente buona, dall'anima sensibile e premurosa. E quelle parole mi servirono tanto. Piano piano, senza dir nulla a nessuno, cominciai a scattare fotografie sempre più spesso. Scoprivo che non mi interessavano i volti, gli scorci, i dettagli. Cercavo qualcosa che mi appartenesse nell'anima. Una spiritualità, un malinconico misticismo che fa parte del mio carattere. Dopo anni capii che l'oggetto della mia attenzione era lì dove volgevo spesso lo sguardo. Nel cielo. Una grande tela, vuota solo all'apparenza. Una pagina dove le nuvole appaiono come parole e disegni da decifrare in fretta. Il mio compito è fermare esattamente il tempo e la luce. E qui taccio. Perché devo seguire il consiglio del professor Digrin: non spiegare ciò che non si può comunicare a parole.

GLI ANNI
DEL FURORE
CREATIVO

Con Paolo Poli, 1977.

Questa foto con Paolo Poli davanti al Teatro Alberico – una sala da cento posti – risale al 1977 e richiama tutto un fondamentale *background* racchiuso tra il 1967 e il 1979. Un arco temporale in cui Roma era uno stupefacente laboratorio in continua attività. Spuntavano come funghi compagnie teatrali, registi, scrittori, musicisti, pittori, per la maggioranza ispirati dalle correnti sperimentali e controculturali di quel periodo. I fermenti di New York e Londra stavano contagiando tantissimi giovani che subito provarono a dare una scossa adrenalinica a una grigia, immobile città papalina e democristiana. Parecchi suonavano uno strumento per necessità di espressione o per imitare le rockstar. Passeggiavi per la strada e sentivi un ritmico *tum pa tum tum pa* di batteria o un riff di chitarra provenire da una finestra socchiusa o da un sottoscala, ai quali seguivano talvolta i "li mortacci!" lanciati da persone esauste per il fracasso. Dietro una serranda probabilmente viveva un centro culturale, un piccolo cineclub, un teatro off. Molti, con talento, s'improvvisavano attori o registi, altri scrivevano influenzati da Pasolini, Ginsberg, Kerouac, Burroughs, Ferlinghetti. Nonostante il casino – che sarebbe poi deragliato nel terrorismo – c'erano aggregazione e dibattito, anche quando si alzavano i toni.

Io da una parte ero dispiaciuto, poiché vedevo la fine dei miei anni sessanta, fatti di tranquillità, serenità, amicizia; dall'altra capii che qualcosa di stimolante stava succedendo. Tutti i miei coetanei sembravano posseduti dallo spirito della condivisione.

Decisivo fu un regalo ricevuto da mio padre. Era la tessera per il Filmstudio, un cineclub in via degli Orti d'Alibert, il luogo dove si è costruito il mio bagaglio cinematografico. Ci andavo cinque giorni a settimana, a vedere due, tre film alla volta. Lì iniziai ad apprezzare i tentativi di un nuovo cinema, specchio della realtà, che guardava ciò che gli accadeva intorno e andava rompendo gli schemi: *I pugni in tasca*, *Prima della rivoluzione*, *Teorema*, la *Nouvelle Vague*, il *Junger Deutscher Film*, il *Free Cinema*. A fine proiezione ci si accendeva una sigaretta e si andava a passeggiare in via della Lungara discutendo della pellicola vista e non delle idee politiche, di cui poco mi fregava perché non mi quadravano tanto. Ci sentivamo commentatori esperti, ognuno esponeva le sue impressioni, e questo ci portava a parlare meglio, ad affinare una certa oratoria critica. Così insieme all'underground di Schifano, Patella, Anger, Markopoulos, Mekas, Warhol scoprimmo che c'era un cinema moderno, un cinema politico, un cinema rilevante, ecco. Ero attratto da un linguaggio in piena e libera mutazione. Compresi che l'avanguardia era anche un modo di vivere, di pensare il presente e di mettere in discussione il passato senza rinnegarlo. Pure i film pallosi li guardavo con attenzione. Mi sentivo come stregato dalla sperimentazione, visiva e verbale. Del resto se ti azzardavi soltanto a immaginare di fare il comico non eri più ritenuto un intellettuale.

Già verso il finire dei sessanta mi ero avvicinato al mondo del teatro off, quello di Carmelo Bene, di Mario Ricci, del Patagruppo. Ricordo che ebbi la fortuna di assistere alle performance del Living Theatre di Julian Beck: andai addirittura ad Avignone per il suo contestatissimo *Paradise Now*. Nel 1971 mio fratello Luca fondò una compagnia teatrale universitaria – di cui era regista – e prese in affitto una spaziosa ma gelida cantina in via Cavour da un deputato dell'allora Partito socialista democratico. Quest'ultimo la concesse assai volentieri per un vantaggioso ritorno d'immagine. Facendo da pigmalione a un gruppo studentesco di teatro alternativo avrebbe dimostrato al suo partito di essere evoluto e sensibile a quella storica svolta intellettuale. Aveva un parrucchino color carota che gli si spostava sempre. Anzi, un giorno gli cadde e ci voltammo dall'altro lato per non ridergli in faccia. Parlava veloce, con voce acuta e un marcato accento siciliano. Non si capiva un cavolo di ciò che diceva, se non il solito slogan: "Voglio far capire che i socialdemocratici hanno un disegno per la cultura dei giovani!" Sì, ciao core. La cultura era guidata dal movimento studentesco e dall'estrema sinistra e lui non si rendeva conto delle coglionate che stava dicendo. Quanto a noi, ci guardavamo bene dal far sapere che recitavamo in uno spazio socialdemocratico, altrimenti gli amici avrebbero disertato le nostre recite, non prima di averci deriso. Per tenercelo buono gli promettemmo che ci saremmo iscritti al PSDI al termine della nostra esperienza sul palcoscenico. Cosa che non facemmo: e così dopo due anni fummo cacciati via.

In quella cantina, battezzata Teatro Il Cenacolo, recitai per due spettacoli in veste di protagonista. Il primo, nel 1971, tratto da un dramma in atto unico di Ingmar Bergman dal titolo *Pittura su legno*, e l'altro, nel 1973, tratto da *Pantagruel* di Rabelais. Me la cavai egregiamente. Sulla scena la mia proverbiale timidezza spariva, annientata da una forte personalità che evidenziava la convivenza di due anime dentro di me. Sapevo controllare le movenze delle braccia e le espressioni del volto con notevole equilibrio; per di più nei tempi recitativi non ero male. Insomma, possedevo un estro assolutamente da coltivare, solo che a me di fare l'attore non me ne importava nulla. Mi cimentavo per divertimento e basta. Il nostro pubblico era scarso: parenti, amici e amici degli amici che anziché darci un giudizio sullo spettacolo ci rimproveravano per il troppo freddo e l'insopportabile umidità del locale. In genere chi veniva a vederci si ammalava poi di raffreddore e faringite, in alcuni casi anche di bronchite. Per mettere una pezza comprammo quattro stufe a gas. Totalmente inutili, data la vastità dell'ambiente. Quando Luca mi offrì il ruolo di Panurgo nel *Pantagruel* ci dovetti riflettere un po'. Quei film *underground* visti al Filmstudio avevano fatto nascere in me la voglia di occuparmi di regia cinematografica sperimentale in Super 8 e di girare in proprio dei cortometraggi simili. Invece finii per accettare la proposta di mio fratello. Volevo però tentare qualcosa di dinamico e spassoso, ma sebbene ci fossero spunti comici il testo di Rabelais non concedeva grandi deviazioni. Dovevo impersonare Panurgo in stile giullaresco: niente di più accademico e monotono.

Le prove furono lunghe e disastrose: diversi membri della compagnia si erano innamorati dell'attrice principale, e questo causava continue distrazioni. Bisogna ammettere che lei era proprio bella, un'autentica gattamorta a cui piaceva sedurre la platea maschile e non concedersi ad alcuno. Tutto si aggravò quando i pretendenti attaccarono a bisticciare tra di loro per qualunque sciocchezza e a non sopportarsi più. Ogni occasione era ideale per scatenare una zuffa furibonda che Luca e io dovevamo poi sedare con difficoltà.

Mi balenò un'idea brillante. Fabio, il mio più caro amico, era un conquistatore eccezionale: bel ragazzo, suadente, intelligente, spiritoso, dotato di una parlantina che colpiva. Impiegava la tattica lenta del lumacone, ma riusciva sempre a fare innamorare di sé le ragazze. Non gliene sfuggiva una. Un pomeriggio lo andai a trovare a casa sua.

"Ti prego, vieni stasera alle prove. La protagonista è una tipa carinissima che fa al caso tuo. Gli attori si fanno la guerra per lei. Fammi un favore, metticela tutta e conquistala. Se ci riuscirai, i ragazzi si metteranno con l'animo in pace e cominceranno a provare sul serio," spiegai per farla breve.

Fabio da un lato rimase colpito da quella richiesta così assurda, dall'altro si convinse che era una bella sfida, un'occasione per mettere alla prova le sue notorie capacità seduttive.

"Non ti posso garantire niente. E se non mi fila? Pensaci, Carle'..." replicò, da finto timoroso.

"Te fila, te fila. Almeno fai un tentativo. L'importante è che lei la pianti di stuzzicare a vuoto gli altri."

"Ci proverò, ma ti ribadisco che potrei fallire. Non è detto che riesca a indovinare il varco giusto."

A Fabio, come prevedevo, bastò venire al Cenacolo per tre sole volte. Nel giro di una settimana la ragazza era già ai suoi piedi. Cosa successe poi nella compagnia? I contendenti precipitarono nella depressione. Recitavano distratti, affranti, fissando l'attrice con malcelato rancore. Soltanto uno cercava di dare il massimo sperando di essere riconsiderato, ma ormai quella era la fidanzata di Fabio e non ce n'era più per nessuno.

Il debutto andò bene, malgrado il datore luci, un ragazzone di cento chili, fosse caduto dalla scala fratturandosi gamba e braccio. Iniziarono ad arrivare anche spettatori paganti sconosciuti, segno che lo spettacolo funzionava. Alla quinta replica, la batosta: il freddo polare della cantina fece strage di tre interpreti, costringendoli a letto con la febbre alta. Luca si avvilì di brutto. Avevamo venduto cinquanta biglietti ed era chiaro che si doveva annullare tutto. "Non annulliamo un cavolo. Te le recito tutte io le parti degli assenti," tagliai corto. Un secondo dopo, con lucidità, mi resi conto che sarebbe stata una follia. D'altra parte avevo una memoria di ferro, e con l'aiuto del suggeritore avrei potuto farcela. Bastava poi coordinarmi con la costumista, che in pochi secondi mi doveva svestire e rivestire. Ma quell'azzardo, che mio fratello riteneva una cazzata da avanspettacolo, si rivelò il mio punto di partenza. Il pubblico gradiva stupefatto, rideva, e io di conseguenza mi eccitavo di più. Maurizio Giammusso scrisse una bellissima recensione su *Il dramma*, il mio primo riscontro critico. Avevo trovato la chiave per divertirmi e far divertire, e la conferma giunse con le prime repliche da tutto esaurito. Le cose andavano così alla grande che non appena si ripresentarono gli attori guariti dai malanni, Luca li rispedì a casa. Il vero spettacolo era il mio spericolato gioco di travestimenti. Quelle trasformazioni che pian piano mi indussero a costruire e interpretare i miei primi personaggi (nel 1977 al Teatro Alberichino e poi nel più ampio Alberico) furono un'audace novità dalla quale derivò la prima fase della mia carriera.

Al furore creativo nel campo dell'arte si affiancavano, nel bene e nel male, i movimenti contestatori e rivoluzionari, radicati soprattutto nelle università. Durante le lezioni non si poteva dire una mezza parola che i colleghi di corso ti squadravano per fiutare le tue simpatie politiche. C'erano le formazioni extraparlamentari di estrema sinistra, come Lotta continua e Autonomia operaia, e le contrapposte formazioni di estrema destra, tipo Avanguardia nazionale. C'erano quelli che si riversavano nei centri sociali e quelli che si rintanavano nei cineclub, nei teatri, negli scantinati ad assistere agli spettacoli di Carmelo Bene, Memè Perlini, Giancarlo Sepe, Giancarlo Nanni o del Patagruppo. Mentre fuori si udivano scoppi di molotov, urla di sirene, trambusti di cortei e di scontri con le forze dell'ordine.

Per me quell'epoca finì nel 1979 con una manifestazione caotica, folle e geniale che segnò l'epilogo di ciò che di buono era nato dal Sessantotto. Un evento, messo in piedi nell'ambito dell'Estate romana organizzata da Renato Nicolini, tra i più traumatizzanti ai quali abbia mai assistito: il Festival dei poeti di Castelporziano. Ideato da Franco Cordelli, Simone Carella e Ulisse Benedetti, fu l'ultimo sforzo di lanciare un urlo politico e ideologico di rottura attraverso i poeti simbolo del pacifismo, dell'anticapitalismo e della protesta. Misticismo, provocazione, tossicodipendenza, delinquenza comune, gente a cui non gliene fregava nulla o in cerca di tafferugli, tutto concentrato su una lurida spiaggia, metafora di libertà, per celebrare una sorta di osceno baccanale.

Era la fine di giugno, e tutto era pronto per la tre giorni di poesia che si sarebbe svolta su un palco montato sull'arenile, tra Ostia e Torvaianica. Lo stesso litorale dove quattro anni prima era stato rinvenuto il corpo straziato di Pasolini. I giornali, locali e no, avevano già scritto un bel po' di articoli sul festival. Il carnet di invitati era a dir poco fenomenale: Allen Ginsberg, Lawrence Ferlinghetti, Gregory Corso, William Burroughs, Peter Orlovsky, Evgenij Evtušenko, Osvaldo Soriano, Jacqueline Risset, Dario Bellezza, Dacia Maraini, Nico Orengo e tanti altri ancora. Date le ristrettezze di budget furono sistemati all'ENALC, una struttura alberghiera in dismissione sul lungomare di Ostia dotata di vasti ambienti con brandine, reti e materassi. Così tra i numerosi ospiti stranieri s'instaurò un incredibile clima comunitario dalle reminiscenze hippie.

Una troupe seguiva Evtušenko, che se la tirava come se fosse il più grande poeta del mondo. Era composta dall'operatore, dal regista che gli poneva domande su Pasolini e da una traduttrice. Un tizio gli chiese: "Maestro, maestro... la prego, qualche verso su Ostia, al volo... qualche verso ora, su Ostia. Ci regali un'emozione all'istante..." Lui si accese una sigaretta, guardò quel mare di merda, mosso e marrone da fare orrore, diede una boccata e declamò qualcosa che iniziava all'incirca così: "Ostia. Onde di preservativi che scivolano sulla sabbia..."

A trascinarmi all'evento fu Armando, un amico appassionato di scrittura che aveva deciso di declamare due delle sue poesie. Era un pazzo. Un pazzo simpatico e totalmente anarchico. Una delle sue poesie era sull'orgasmo, un'altra sulla penetrazione sessuale. Contenevano parallelismi deliranti tra i Fori romani e i fori di un corpo femminile, ed erano entrambe di una pornografia sconfinata. Ma lì a Castelporziano l'oscenità non era un problema: chiunque poteva recitare ciò che preferiva, compreso l'inascoltabile. Migliaia di persone provenienti da tutta Italia puntarono verso il litorale romano per partecipare a quella che doveva essere la Woodstock dell'arte poetica. Presto dilagò il caos. Uno dei promotori, Victor Cavallo, attore nato nel quartiere Garbatella, si sforzava invano di ristabilire l'ordine sul palco e tutto intorno. Gli aspiranti poeti più pacifici erano in coda, in attesa di ottenere l'agognato microfono che li avrebbe consegnati alla gloria oppure alla lapidazione. Quando una poesia si beccava dei fischi l'autore s'incazzava e il pubblico gli rispondeva con insulti o qualche volta lo bersagliava di ortaggi. Qualcuno recitava versi vuoti e insensati che venivano acclamati indegnamente. Era una situazione comica e pericolosa nello stesso tempo: stava montando un'eccitazione drogata. Io ero attonito nel vedere le facce di quegli ignoti che sgomitavano per avere un minuto di celebrità recitando liriche di una bruttezza senza limiti. Ci fu uno che se la prendeva col padre che faceva il pastore: "Mio padre pasce le pecore... È 'no stronzo! È un uomo fallito..."

Fu la volta di una ragazzina dall'accento del Sud, che parlando intercalava con mille "cioè". Indossava solo una maglietta e non si capiva se portasse o meno le mutande. Voleva aprire un insensato dibattito sulla coscienza dello scrittore o qualcosa di simile, ma ottenne solo ingiurie di ogni tipo. Il povero Victor Cavallo e il poeta metropolitano Aldo Piromalli – che aspettava paziente il suo turno – cercarono di farla ragionare. Ma la ragazzina provocatrice, con i suoi "cioè" ripetuti decine di volte in un'unica frase, non se ne andava. Piromalli, sfinito, scostò la tipa e sciorinò velocemente il suo poema, diventato poi un cult, intitolato *Affanculo*.

Da lontano si levarono delle urla: "Ahó! Guardate che qua c'è 'n morto!" Non era uno scherzo: morti ce ne furono, qualcuno per overdose. Poi le grida disumane di un coatto a cui avevano fregato l'autoradio da sotto il sedile dell'auto: "So' un proletario pure io, li mortacci vostri! M'avete rubato la radio dalla màghina... C'ho solo quella. Lo stronzo che l'ha fatto 'a riporti qua e nun succede niente!" E giù una bestemmia.

Si levò una voce: "Ma che cazzo voi? Ma un morto de fame come te c'ha pure la radio?" E quello: "Sì, ridateme la radio, li mortacci vostri!"

L'uomo si beccò sonanti pernacchie e parolacce di ogni sorta. Si scatenò una scazzottata in cui ebbe la peggio. E ancora, fragorosa disapprovazione nei confronti di Dario Bellezza che, esasperato, finì per dare dei fascisti ai presenti, e ignobile contestazione a Dacia Maraini, che, indignata, scelse il silenzio. I "poeti famosi" erano in balìa di una platea non più affamata di parole o suggestioni liriche e nemmeno di contestazione politica, ma di pura, becera trasgressione. Visto l'andazzo, in parecchi preferirono rinunciare a parlare pur di non subire umiliazioni.

Un giovane s'impossessò del microfono e ne cantò quattro agli organizzatori. Era venuto apposta per l'annunciata Patti Smith (che all'ultimo aveva dato forfait) e non l'aveva trovata. "Volevo sentire Patti Smith e trovo i poeti... solo che a me non frega un cazzo delle poesie!" esordì. Esplose il dissenso, e lui anziché sparire rincarò la dose: "M'avete rotto il cazzo... Andate affanculo tutti quanti!" Cavallo cercò di strappargli il microfono, ma lui riuscì a concludere: "Stronzi... non capite un cazzo!" e se ne andò via orgoglioso, sommerso da una valanga di improperi.

Nel frattempo il mio amico Armando tentava di guadagnare il palco per leggere le sue poesie pornografiche, ma non ci riusciva. Impossibile avanzare nella sterminata marea umana sdraiata sull'intero arenile. Allora si fece prestare un megafono e con coraggio incosciente cominciò ad attirare l'attenzione: "Compagni, pretendo tre minuti di silenzio... Compagni... Tre minuti per due poesie!"

"Ma chi cazzo sei che pretendi?" gli rispose un vecchio hippie con i capelli bianchi lunghi fino al collo.

"Tu sei 'n fascista! Ecco chi sei!" ribatté Armando. E aggiunse la frase che lo sotterrò: "Anzi, siete tutti 'n mucchio de fascisti mascherati da poeti co' le pezze ar culo proletarie!"

Non l'avesse mai detto. Gli piovvero addosso bottiglie di vetro, lattine e una mela che lo colpì in un occhio. Non sapevo se portarlo all'ospedale di Ostia o lasciarlo lì. La degenerazione era al culmine e io volevo solo raggiungere la mia Lambretta. Sempre che l'avessi ritrovata. Sulla scena apparve uno squilibrato con la faccia spiritata da Charles Manson che mostrava i genitali alla folla. Poi il solenne annuncio: minestrone gratis per tutti. Tripudio generale. Un pentolone militare da campo venne portato sul palco mentre un disfatto Victor Cavallo pregava la gente di non salire più: troppo rischioso. "Mettetevi in fila, per favore. Ognuno avrà la sua minestra!" implorava.

Parole al vento. Un ammasso umano affamato assaltò il pentolone e il palco iniziò a traballare in modo sinistro. Uno dei poeti, allucinato, urlò: "Anche il minestrone è poesia!" Pochi istanti dopo franò tutto. Il minestrone si rovesciò ovunque e volarono sedie, scodelle e sonore mazzate. La distesa di sabbia diventò un girone infernale.

La leggenda dice che Evtušenko si aggirasse atterrito per la spiaggia scattando foto, mentre Ferlinghetti e Burroughs, fiutata la minaccia, si erano rifugiati in albergo già da un paio d'ore. Non era più un confronto né una disputa, ma una fittissima, incessante sequenza di offese per tutti. Un'accozzaglia di corpi, gente strafatta mischiata a gente appassionata di poesia colta o presunta tale. Coatti con intellettuali. Tutto si dissolveva in una colossale caciara.

Armando e io decidemmo di squagliarcela, e per fortuna ritrovammo la Lambretta. Venni a sapere l'indomani che l'ordine era stato ristabilito con immensa fatica da Ginsberg, che aveva invitato i presenti a intonare un mantra. Lo avevano seguito tutti e ventimila (almeno così si dice, il numero non è confermato) e lo scompiglio si era tramutato miracolosamente in uno stravagante momento mistico al suono di *om... om... om... om*.

Sulla strada di ritorno per Roma, col mio povero amico seduto sul sellino, intontito e con l'occhio tumefatto, meditai che quella stagione era finita in un boato: il boato del palco che cadeva. Il crollo del palco di Castelporziano sancì l'esaurimento di un'utopia partita pacifica, diventata turbolenta, poi sfociata nella lotta armata degli anni di piombo. Eravamo entrati senza saperlo in un tempo scandito dai boati. E tutto fu meno bello.

# GUGLIELMO

Un dono di Guglielmo.

Se c'è un regalo che mio fratello Luca ricorda ancora oggi con entusiasmo di aver ricevuto è la tessera dell'AGIMUS, l'Associazione giovanile musicale. L'aveva ottenuta dal liceo statale classico che frequentava, e consentiva l'ingresso a una serie di concerti pomeridiani in diverse chiese della città e qualche volta all'Accademia di Santa Cecilia. Luca era già un esperto di musica classica, i grandi compositori erano la sua vera passione, ma siccome era aperto ai più vari generi amava anche i Beatles e i Beach Boys. Andava a quei concerti un paio di volte alla settimana, sempre da solo, perché non trovava alcun compagno di classe disposto a condividere l'ascolto di quel tipo di musica. Fino al giorno in cui strinse amicizia con un ragazzone alto e grosso che si chiamava Guglielmo. Aveva un viso ottocentesco, aristocratico, da ritratto di Boldini. Aristocratico lo era: la madre, contessa, e il padre, barone, abitavano in un cadente palazzo nobiliare nella zona est di Roma, appena fuori dalla città. Campavano di rendita grazie ad alcuni appartamenti di proprietà dati in affitto. Ma non se la dovevano passare bene, poiché erano costretti a vendere di continuo terreni, immobili e quadri antichi.

Somigliava al padre, che era di origini piemontesi: viso lungo, occhi celesti e la tipica aria un po' stronza di chi guarda gli altri dall'alto in basso. Giudicava tutto e tutti in modo sprezzante. Ironia zero. Per questo i suoi amici – quasi tutti di famiglie nobili in declino – si contavano sulle dita di una mano. Nonostante avesse molta cura nel vestire era decisamente comico nella corporatura: normale dalla testa al torace, ma enorme e sproporzionato dalla pancia alle gambe. Come se avesse inghiottito un vitello intero. I cento e passa chili che si portava addosso lo costringevano a camminare un po' curvo, con poca coordinazione, a bocca aperta per il fiatone. La sorella più grande – per niente bella, nel fisico simile a lui e al padre – dopo la laurea era diventata assistente universitaria in chimica. La mamma aveva uno sguardo severo che metteva soggezione ma era del tutto succube del marito e apriva bocca solo per sparare stronzate conservatrici. Compresi i rimpianti per la cara, vecchia monarchia. Insomma, se c'era un luogo dove non sarebbe mai esplosa una risata era senza dubbio il grande, fatiscente palazzo di Guglielmo, alla periferia est di Roma. Un microcosmo dove regnavano il formalismo, i dialoghi sterili e banali, le domande oziose e le risposte scontate. La semioscurità e il silenzio austero di quella casa stringevano genitori e figli in un abbraccio soffocante. Anzi, mortale.

All'inizio mi ero chiesto quali fossero i motivi che spingevano Luca a frequentare Guglielmo. Mio fratello, pur essendo allegro per indole, socievole e spiritoso, trovava divertente il suo modo di ragionare. Sosteneva che lui e il padre erano anche ottimi interlocutori in materia di pittura neoclassica e musica sinfonica. Mi sembrava un po' poco, oltre che strano, ma non era il caso di giudicare.

Una sera Luca invitò Guglielmo a mangiare una pizza in centro con un gruppetto di amici e mi chiese di unirmi a loro per presentarmelo. Finalmente lo conobbi ed ebbi conferma di ciò

*NS = Non soggetta

13-01-2022 18:01
DOCUMENTO N. 0783-0130

RT 2CITP002175

Pagamento non riscosso:
1 x Ticket non riscosso

16,00

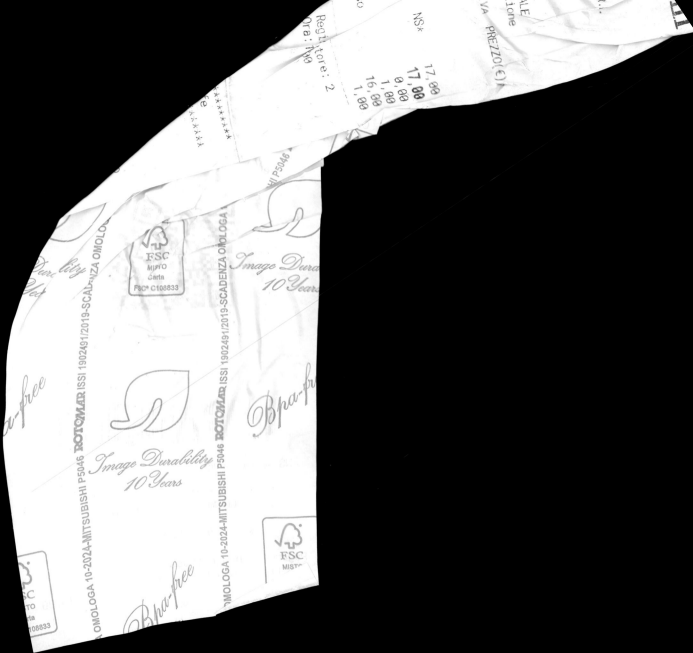

che avevo capito di lui dai racconti di mio fratello. Guglielmo era un ragazzo di venticinque anni invecchiato prima del tempo. Era anacronistico in tutto: nell'abbigliamento, nell'atteggiamento da persona d'altri tempi, nella ricercatezza dell'eloquio, nelle idee politiche reazionarie e nell'assenza di stupore e curiosità verso un mondo in continuo cambiamento. Era privo di qualsiasi strumento che gli consentisse di comunicare con i suoi coetanei, che criticava, invece, con ostentata saccenteria. La mancanza d'interessi lo allontanava dalle tante novità culturali che si presentavano: dalla musica al cinema, dalla letteratura all'arte. Era ancorato a un'epoca elitaria, fuori dal mondo. Riferendosi a una bellissima amica di mio fratello, bòna e famosa per essere andata a letto con tutti, disse: "Luca, sono incantato. È una fanciulla meravigliosa, dai tratti botticelliani. Quando la potrò rivedere? Mi ha colpito nel profondo, ha un'aria romantica ed esprime purezza."

"Me cojoni!" dissi tra me. Diversi ragazzi presenti sghignazzarono: avevano più volte beneficiato delle prestazioni di quella tipa che chiamavano in modo triviale "nave scuola". No, Guglielmo non aveva alcuna perspicacia. Zero assoluto. Mi suscitava tenerezza, e mi venne il sospetto che non fosse mai stato fidanzato. Ma chi avrebbe voluto un ragazzo così privo di ironia, presuntuoso, critico nei confronti di chi provava a contestarlo? Quella sera lo osservai bene, catturando le modulazioni della voce, la mimica, il modo di fumare una sigaretta dietro l'altra ma soprattutto la fatica che gli costava alzarsi dalla sedia a causa del peso considerevole. Poche ore bastarono a soffocare qualunque curiosità di vederlo ancora. Era semplicemente noioso, sentenzioso.

Lo incontrai di nuovo dopo cinque anni, dietro insistenza di mio fratello. Era il suo compleanno e ci teneva alla mia presenza, anche perché ero diventato famosissimo con *Un sacco bello*. Un successo che tuttavia, giusto per non smentirsi, l'aveva meravigliato molto... Casa sua, il palazzo nobiliare in cui ci aspettava, era pregevole ma trascurata. Il tipico scenario da nobiltà in declino: bei quadri, raffinati oggetti d'arredamento, qualche busto settecentesco, crepe e infiltrazioni sulle pareti, cumuli di polvere. I partecipanti alla festa erano quasi tutti uomini. Solo due le donne: la sorella – che fumava quanto il fratello – e una ragazza decisamente attraente, dai lunghi capelli castani sciolti, con un viso incantevole. Pare che Guglielmo l'avesse conosciuta a un concerto, e da quel momento aveva iniziato a corteggiarla follemente. Il mio amico Fabio, noto sterminatore di cuori femminili, presente quella sera, era certo che la ragazza non fosse affatto una santarellina come appariva. Guglielmo, secondo Fabio, aveva acchiappato un palo clamoroso. Eppure tutti noi facevamo il tifo per lui, per tenerezza. In quei cinque anni il suo peso era ancora aumentato.

Ricordo che fu una buona cena. Al termine mi cimentai in un'imitazione di Guglielmo che fece ridere tutti, tranne ovviamente lui. Anche perché il suo oggetto del desiderio si piegò in due dalle risate. Quando poi lui consegnò alla ragazza un pacchetto infiocchettato, capimmo che le chance di conquistarla erano pari a zero. Lei lo scartò: e che c'era dentro? Un'edizione dei sonetti di Shakespeare! Sulla prima pagina del libro c'era una lunga dedica, zeppa di espressioni a dir poco arcaiche, che avrebbe potuto scrivere un vecchio professore di letteratura. Lei ringraziò con un sorriso imbarazzato, senza dargli nemmeno un bacetto.

Per fortuna a mitigare quel clima d'imbarazzo pensarono i padroni di casa, che si materializzarono nel salone per un rapido saluto e per chiedere se avevamo gradito le pietanze. Il padre si lamentò dei tre camerieri, che secondo lui erano approssimativi. E partì un incredibile parallelismo tra la "servitù negra", aggraziata, efficiente, e la "servitù romana", tremendamente buzzurra. Un insensato discorso colonialista fuori tempo e fuori luogo, come tutte le cose che si dicevano in quella famiglia. Nel finale di serata arrivò la torta cioccolato e panna con trenta candeline. Guglielmo nel prendere fiato per spegnerle finì per rivelare una dispnea impressionante, comune a chi soffre di enfisema polmonare. I genitori furono gli unici a non abbracciarlo, limitandosi a un applauso accompagnato da un formale "Evviva!"

Dopo alcune settimane Luca mi raccontò che Guglielmo era giù di morale: la ragazza dei suoi sogni era sparita. La depressione l'aveva portato a esagerare col fumo e gli alcolici. Era ingrassato ancora e sembrava più vecchio di quello che era. Si era rintanato tra le sue quattro mura e le rare volte che usciva prendeva l'auto da solo. Siccome l'autista-governante che prima lo accompagnava era andato in pensione, si era finalmente deciso a prendere la patente. Per un bel po' non lo vidi più. Le poche notizie me le forniva Luca, che continuava a nutrire per Guglielmo un affetto profondo. Per dissipare la solitudine in cui era immerso lo invitava spesso ai concerti e una volta a settimana giocavano a scacchi.

Un giorno ricevemmo un invito. Guglielmo ci voleva a casa sua per un "importante evento con cena". Così lo definì. Nessuno di noi era entusiasta di spostarsi fuori Roma per una serata di cui si poteva ben immaginare l'esito. Alla fine riempimmo due macchine e partimmo. Ci aprì la porta un'anziana domestica, che ci accompagnò senza parlare nel grande salone. C'erano i soliti amici nobili noiosi e altezzosi, palesemente invecchiati, con le rispettive mogli, e un gruppetto appartato di soli uomini dallo sguardo sconsolato. Tutti si chiedevano con curiosità la ragione della convocazione. Molti pensarono che Guglielmo si fosse trovato un lavoro, visto che conduceva un'esistenza monotona, da nobile decaduto sfaccendato. Chissà. E poi eccolo entrare trionfante, accompagnato da una ragazza bionda timida ma deliziosa nella sua semplicità acqua e sapone. Dopo una soporifera introduzione sul tema delle sorprese della vita, durante la quale ostentò il solito lessico forbito, stavolta di stampo foscoliano, ci presentò Lorena, la sua fidanzata. Sembrava una pagina tratta da un racconto di Maupassant: lei, impacciata ma sorridente, salutò ognuno di noi porgendoci la mano con leggiadria. Ci avvicinammo a Guglielmo per congratularci e gli porgemmo mille domande su come avesse incontrato quella fantastica creatura. Con un gesto pomposo ci invitò ad accomodarci su due grandi divani di fronte ai quali vi era una sedia antica dove lui avrebbe preso posto per raccontarci la storia. Ma non appena il suo gigantesco sedere si posò sul sedile, la sedia si disintegrò per il peso, e Guglielmo crollò rovinosamente all'indietro, battendo forte la testa. Pur essendo la scena indiscutibilmente drammatica dovemmo fuggire via dal salone per non scoppiare a ridere davanti a quel poverino che, lungo disteso sul pavimento, gemeva dal dolore.

Ci vollero tre persone e uno sforzo disumano per sollevarlo da terra e adagiarlo sul divano. Pesava a occhio e croce centoventi chili. Lorena, sbiancata per lo spavento, tornò dalla cucina con un tovagliolo ripiegato pieno di ghiaccio e glielo appoggiò sulla nuca. Lui piano piano si riprese, chiese scusa per l'accaduto e partì in quarta con un interminabile racconto. Per farla breve, Lorena era una studentessa universitaria originaria di Perugia – al secondo anno di lettere classiche – a cui Guglielmo aveva dato lezioni di latino. Nonostante il padre di lei fosse un normale impiegato, senza una goccia di sangue blu, Guglielmo era rimasto folgorato dai suoi modi educati e dai delicati lineamenti. Era davvero una ragazza assai intrigante, con quel suo lieve accento umbro, molto perbene ma con un che di seducente nello sguardo. Noi amici eravamo increduli che Guglielmo avesse trovato una ragazza del genere, e anche più giovane di lui. Subito partirono i primi pettegolezzi maligni: forse vede in lui il padre morto; forse immagina che sia ricco sfondato... Insomma, le solite cazzate di chi ignora le affinità elettive e il fatto che due poli opposti si possano incontrare e possano star bene insieme.

Guglielmo e Lorena si sposarono in assoluta discrezione in Umbria. Venimmo a sapere del matrimonio quando ci portarono a sorpresa la bomboniera a casa, appena rientrati dal viaggio di nozze tra i castelli della Loira. Lui non aveva perso un chilo, lei era diventata perfino più carina. Avevano preso in affitto nel quartiere di Monteverde Vecchio un appartamento che stavano ancora arredando. Anzi, che lei stava arredando di suo gusto. Guglielmo aveva trovato un impiego come segretario in uno studio legale associato. Lorena invece restava a casa a studiare per gli ultimi esami rimasti. Lui era perdutamente innamorato. Le regalò un grosso gatto persiano bianco per esaudire un suo fanciullesco desiderio, e prima di andare al lavoro passava dal fiorista a comprare un mazzo di fiori che le faceva trovare in un vaso sul tavolo del salottino con un biglietto romantico.

Trascorsero quattro mesi. Poi Guglielmo mi telefonò chiedendomi se potevamo vederci subito. Si presentò a casa mia stravolto: sul suo viso si leggevano l'insonnia e la preoccupazione. Mi chiese il nome di un bravo psicologo, perché Lorena era cambiata: parlava poco, era indolente, non faceva l'amore, scoppiava a piangere all'improvviso e non riusciva più a sostenere gli esami. Era chiaro che le cose tra i due si stavano mettendo malissimo. Gli consigliai un bravo psicanalista, amico di

127

mia madre, dal quale Lorena andò appena tre volte. Guglielmo intanto era dimagrito per il dolore lacerante che lo consumava ora dopo ora e lo faceva invecchiare precocemente. Arrivò a fumare sessanta sigarette al giorno; beveva superalcolici. Si stava autodistruggendo. Finalmente il medico prescrisse a Lorena dei potenti antidepressivi che parvero funzionare. Una sera vennero entrambi all'anteprima de *I due carabinieri*. Trovai lei un po' sciupata ma sempre garbata nei modi. Tutto faceva pensare che la depressione fosse sotto controllo. E invece, imprevista, irruppe la tragedia.

Come ogni mattina, Guglielmo prima di andare al lavoro compì il suo rituale e andò dal fiorista per comprare il bouquet, che accompagnò con uno struggente biglietto pieno di vero amore. Ma al rientro notò subito che la porta d'ingresso era socchiusa. Spaventato, la spalancò, e prese a chiamare Lorena a ripetizione. Niente, silenzio assoluto. Corse in camera e trovò il letto disfatto e gli sportelli dell'armadio aperti. Gli abiti erano spariti, insieme agli accessori da bagno e ai libri. Anche il gatto persiano era sparito. Lorena se n'era andata in trenta minuti di orologio. Senza lasciare uno straccio di messaggio.

Guglielmo prese a sudare freddo, col cuore che batteva follemente. Fu colto da una seria fibrillazione atriale che lo costrinse al ricovero d'urgenza. Avvertiti, ci precipitammo in ospedale, dove ci accolse con lo sguardo vacuo di chi guarda degli estranei. Il medico di turno, meravigliandosi dell'assenza dei genitori di lui, che pure erano stati informati del ricovero, ci riferì che il nostro amico soffriva di una serie di patologie importanti. Tutti noi fummo pervasi dall'amarezza per la tristissima situazione di un uomo che si era lasciato andare per troppo tempo. Soprattutto nell'ultimo periodo, quando il suo legame sentimentale via via si era disgregato.

Lorena si fece viva due settimane dopo, con una lettera che fu lo stesso Guglielmo a leggerci. Era ignobile, grondante cinismo e infarcita di frasi preconfezionate e prive di sentimento. La ragazza s'illudeva che quelle miserabili parole bastassero a chiedergli scusa e fargli accettare che lei non provava più amore per lui, ma solo affetto. La lettera si chiudeva con una frase ipocrita, tipo "lasciamo passare qualche mese e sarò pronta a incontrarti con piacere". Provai a sdrammatizzare accompagnando la lettura del congedo con una sonora pernacchia, ma Guglielmo non abbozzò il minimo sorriso.

Finì che s'isolò sempre di più. Non voleva vedere nessuno, non rispondeva al telefono. Lasciò il lavoro. Passava giornate intere davanti alla televisione, fumando quattro pacchetti di sigarette e scolando whisky e birra. Dei suoi familiari nemmeno l'ombra. Mai solitudine fu più assurda e crudele. Era diventato fragile, e quel suo senso di supponenza, quel sarcasmo si era estinto nella miseria di un'autoemarginazione senza via d'uscita. Il suo amico più intimo, che aveva parlato con una domestica che lavorava da lui, ci raccontò che si comportava come se Lorena fosse ancora in casa. La chiamava, dialogava con lei, apparecchiava la tavola per due, si faceva consegnare a domicilio il solito mazzo di fiori. Il padre, la madre e la sorella erano andati a trovarlo un paio di volte giusto per dovere.

Non sapemmo più nulla di lui per qualche mese. Poi una sera, mentre scendevo di casa per correre all'aeroporto e imbarcarmi sull'ultimo volo per Bruxelles, squillò il telefono. Era Luca, in lacrime.

La mattina presto la domestica aveva trovato Guglielmo lungo disteso sul divano. Era morto davanti al televisore, unico compagno dei suoi ultimi brandelli di vita. All'autista del taxi che avevo prenotato per andare a Fiumicino chiesi di fare una deviazione a Monteverde Vecchio. La porta dell'appartamento era socchiusa. L'aprii e trovai il corpo enorme di Guglielmo esposto nell'ingresso. Non mi accolse nessuno. Avvertii un rumore di passi provenire da un altro punto della casa, forse la cucina, ma non comparve nessuno. L'ambiente era illuminato da tre grandi candele che crepitavano, investite da uno spiffero insistente. Il suo viso sembrava sereno, come se l'estremo passaggio avesse pietosamente cancellato tutta la disperazione patita. Pregavo e sentivo dentro di me affiorare tanta tenerezza per lui, vittima di un'educazione basata su un rigido protocollo ma priva di confidenza, dialogo, passione, anima, amore. La sua storia era un racconto di Čechov trapiantato ai giorni nostri. Mi saliva il magone e me ne domandavo il perché, dato che a essere sincero con Guglielmo avevo condiviso poco o niente. Mi diedi la risposta: nonostante fossi lontano anni luce da lui ero entrato in contatto con la sua sofferenza. Gli ho voluto bene davvero. Inconsapevolmente.

Dovevo scappare, il taxi mi attendeva per riprendere di corsa il tragitto verso l'aeroporto. Accanto alla bara c'era un tavolino con il libro dei visitatori. Con profonda tristezza notai che la prima pagina era quasi bianca. C'erano solo la firma di Luca, di tre amici comuni. Aggiunsi la mia.

# IO, PAOLO
# E LA MUSICA

Foto con dedica di Pete Townshend.

Ho sempre diffidato delle persone che non danno importanza alla musica. Soprattutto quelle assolutamente ignoranti su grandi compositori, grandi musicisti, straordinari gruppi, eccelsi cantanti, geniali direttori d'orchestra che sono stati l'anima e il riflesso di periodi storici della nostra vita, se non il simbolo di un tempo. Questa mancanza di sensibilità ha spesso reso impossibile il rapporto tra me e loro. Ho sempre pensato che una vita senza passione per la musica renda le persone terribilmente noiose, mediocri, limitate. Un'anima che viene trasportata o eccitata da un brano cantato o strumentale è un'anima che si predispone allo stupore, si abbandona agli accordi e si prepara a intraprendere un viaggio interiore. Molti tra coloro che mi conoscono sanno quanto amo il vero blues, il grande rock, alcuni cantautori e tanti compositori di musica classica. La star musicale geniale è sempre stata il mio vero idolo, più di un regista, più di un attore. Siccome non ho mai vissuto la musica da protagonista ma da vero fan del talento altrui, ecco che la mia casa è diventata una galleria di fotografie con dedica di personaggi che mi hanno reso la vita più bella. Ogni brano, ogni album che ho amato è stato la colonna sonora indimenticabile di un periodo, di una stagione, di un amore, di una sconfitta, di un dolore o di un successo. Sono grato a tanti musicisti per aver dato un colore e un senso alla mia giovinezza. Alcuni sono morti prematuramente per gli eccessi di una vita sregolata, altri non si sono più ripetuti dopo alcuni capolavori, altri ancora reggono, con dignità, nella vecchiaia. Ma c'è una cosa che mi ha fatto riflettere spesso: più ho amato un personaggio più il destino ha favorito il mio incontro con lui. Tutti quelli che ho ammirato li ho incontrati, conosciuti, visti faccia a faccia: ci ho parlato. Fortuna? Un caso? No, credo che l'amore incondizionato porti prima o poi di fronte a te il protagonista della tua passione. E ti regali la più incredibile delle gioie.

L'altro giorno guardavo la mia sterminata collezione di vinili. È talmente vasta che mi sono chiesto se sia il caso di trasferirla nella mia casa di campagna, dove ho fatto costruire un'immensa libreria con gli spazi giusti per collocarci i tanti trentatré giri che possiedo. Ma nell'osservare quella schiera di copertine consumate e scolorite mi è venuta una gran tristezza. Tutti quei dischi, che partono dalla fine degli anni cinquanta, sono l'immagine di un tempo trascorso troppo in fretta, di un altro secolo. Di un passato che non tornerà mai più. Anni incredibili, una geniale creatività figlia di tempi pieni di ottimismo, speranze, utopie, aggregazioni e condivisioni. E nel guardare la mia collezione mi sono detto che la maggior parte di questi dischi resteranno in eterno al buio, dentro la loro copertina, perché non avrò più tempo e pazienza per farli suonare di nuovo. Sono oggetti morti. Uccisi dai file senz'anima, dallo streaming rapido, senza alcun rituale preparatorio. Mi manca il fruscio della puntina sui solchi, mi mancano i nomi degli strumentisti, mi manca l'etichetta colorata, mi manca soprattutto la copertina grande. Su alcuni album sciupati ci sono ancora le dediche sbiadite, fatte con la penna biro, di Jimi Hendrix, di David Bowie, di Carlos

Santana, di Joe Cocker, di Lucio Dalla, di Jimmy Page e Robert Plant, degli Who, di David Crosby, di David Gilmour, di David Sylvian e tanti, tanti altri. Sono sempre stato convinto che molti musicisti e cantanti abbiano reso la mia giovinezza più lunga, più felice. Ci sono canzoni o pezzi strumentali che ancora oggi mi riportano al tempo passato. Un brano mi ricorda un amore, un altro una grande amicizia, un altro una stagione o un dolore mai superato. Alcune tracce di grandi gruppi o cantanti solisti mi hanno spesso suggerito l'inizio di un film, una sequenza, un finale, come Scott Walker e Sylvian. Quindi sono loro debitore di grandi emozioni e suggerimenti. Devo dire grazie a questo esercito di talenti che si è spesso autodistrutto negli eccessi per trovare il furore creativo da consegnare alla platea e alla storia.

La mia tristezza non è legata solo alla forma del vinile, che il tempo ha decretato essere un oggetto di antiquariato che esige un lento, laborioso rituale, ma a qualcosa di più sconfortante: l'assenza di condivisione. La difficoltà di trovare qualcuno che voglia compiere con me un piccolo viaggio sonoro, qualcuno a cui giunga quello che giunge a me.

Ecco, guardare la foto autografata da Pete Townshend, immenso chitarrista e compositore degli Who, mi riporta indietro agli anni in cui andavo ai grandi concerti grazie alla complicità di alcuni amici appassionati come me. Gli Who erano energia, felicità e potenza. Li vidi per la prima volta a Roma nel 1967, al Palazzo dello Sport, luogo tristemente famoso per avere una delle peggiori acustiche del mondo. Ho ancora in mente la locandina col fondo nero e la grande scritta bianca col nome della band. Aveva un che di minaccioso e allo stesso tempo di veramente potente. Sapevamo a memoria *My Generation* e *Magic Bus*, ed eravamo attratti dalla leggenda che raccomandava di stare alla larga dal sottopalco per non beccarsi una pioggia di aste, frammenti di chitarra disintegrata, piatti di batteria o una bacchetta nell'occhio. Ma la curiosità ci portò a sfidare quella diceria che francamente ci sembrava un po' una cazzata. Dopo il solito fuoco di fila di urla impietose e sonore pernacchie ai gruppi supporter, ecco comparire sul palco una batteria rossa a doppia cassa, circondata da un'infinità di piatti e tamburi. Quella specie di macchina da guerra era il segnale che un bombardamento sonoro si sarebbe abbattuto su di noi. Non fummo delusi. Le performance di Townshend e del batterista Keith Moon lasciarono noi e il pubblico senza parole, tale era l'energia furibonda scaricata attraverso i loro strumenti. Una carica che appariva ancora più folle se paragonata all'opposto, serafico atteggiamento del cantante Roger Daltrey e del bassista John Entwistle. Per farla breve, dopo quaranta minuti prese fuoco un amplificatore. Mentre il fumo avvolgeva il palco, Townshend iniziò a sfasciare la chitarra scagliandola ripetutamente a terra, mentre dalla batteria piatti e tamburi volavano verso gli spettatori delle prime file. Altro che cazzate da mitologia. Scoppiò il caos. Un segaligno vigile del fuoco intervenne con un estintore, ma fu preso a fischi e parolacce e come se non bastasse venne spintonato giù dal palco dallo stesso Townshend. Poi salirono due coatti che si fregarono gli strumenti lanciati e scapparono come lepri. Dopo aver distrutto tutto, sudati fradici, gli Who andarono via, lasciando un campo di battaglia pieno di reliquie per collezionisti. Si accesero le luci: lo spettacolo era finito in meno di un'ora, ma non per i ladri, che iniziarono ad arraffare di tutto e di più. Prese fuoco un altro amplificatore e il Palazzo dello Sport si trasformò in una grande pattumiera in fiamme. Così il mitico gruppo britannico si presentò al pubblico romano.

Tanto fu entusiasmante quell'esperienza che andai a rivederli nel 1972, con alcuni amici dell'università, di nuovo al Palazzo dello Sport. Eravamo ansiosi di ascoltare dal vivo la travolgente *Won't Get Fooled Again*, in cui Townshend strappava gli accordi secchi e distorti roteando il braccio a mulinello sulla sua Gibson. Furono due ore di brani senza pause, col volume al massimo e il solito finale di devastazione del palco, come ai vecchi tempi. Ricordo che restammo sordi per due giorni, con le orecchie che ci fischiavano. Uscimmo tutti estremamente appagati, e non facevamo altro che chiederci quanta e quale roba si fossero presi per fare ciò a cui avevamo assistito. Chi non era sazio era un mio compagno di corso, tale Castagnoni, il quale ci convinse ad andare tutti insieme al vicino hotel Corsetti, dove alloggiavano gli Who.

"Me devo fà mollà 'n autografo minimo minimo da Keith Moon!" proclamò Castagnoni.

"A 'sto punto faccelo fà pure a noi..." replicammo.

"Dateme i nomi precisi!" disse lui, sicuro, ed entrò spedito nella piccola hall dell'albergo.

Castagnoni era un cafone di tale portata che non si capiva come potesse frequentare la facoltà di Lettere. Per intenderci, pronunciava "Che me dichi?" anziché "Che mi dici?"

Confidavamo nella sua prepotente intraprendenza per avere le firme dei nostri miti, ma dopo appena cinque minuti uscì scuotendo la testa. "Stanno già in camera, li mortacci loro," disse.

Tentammo di convincerlo a lasciar perdere, anche perché due energumeni dello staff ci stavano guardando male. "Se pensate che m'arrendo ve sbajate. Almeno 'n saluto glielo devo strappà!" minacciò Castagnoni.

E così, con una faccia tosta senza limiti, si piazzò sotto le finestre e invocò strillando il nome del batterista: "A Keith Moon... Keith... affacciateee! A Keith... You are the greatest!"

Improvvisamente arrivò la risposta: da una finestra piovve un televisore da camera che per poco non lo ammazzava. Il botto fu tale che scappammo tutti in direzioni diverse. Ma Castagnoni non era con noi. Da un punto lontano sentimmo l'eco della sua voce che urlava: "A stronzo! Ma t'ho chiesto 'n saluto, mica te volevo sparà!"

La musica è anche questo. Voglia di stare insieme, di imbarcarsi in piccole e grandi avventure pur di vivere in prima persona un evento e dire c'ero anch'io, di scambiarsi opinioni sulle sensazioni provate durante l'ascolto di un long playing. E questa degli Who è soltanto una delle tante storie rock che potrei raccontare. Ho ancora qualche amico che ha conservato intatta la passione, ma il problema è che non siamo più giovani e l'entusiasmo che possiamo avere oggi non è paragonabile allo stupore di un primo o un secondo ascolto dei nostri anni migliori. Ma forse un colpo di fortuna l'ho avuto. Forse per una strategia inconscia, insomma, c'è qualcuno che grazie alla sua passione e cultura musicale mi ha riportato indietro nel tempo risvegliando in me uno slancio che si stava lentamente addormentando. Si chiama Paolo: mio figlio.

Paolo e sua sorella Giulia furono iscritti fin dall'asilo alla Scuola germanica di Roma e fecero parte dei loro studi proprio in Germania. Fu una scelta coraggiosa, per loro impegnativa ma vincente sotto tutti i punti di vista. Dalle elementari in poi cominciammo a fare i turni per andare a prenderli a scuola. Un giorno Gianna, un giorno la tata Margherita, un giorno io. Quando era il mio turno cercavo di portare un po' di casino in macchina: c'era sempre una musicassetta di Jimi Hendrix o di Eric Clapton ad accompagnare gli spostamenti. Ma non riuscivo mai a fargli ascoltare un brano dei miei per intero: volevano gli Oasis o i Nirvana. Qualche anno dopo Giulia cominciò a imporre Madonna e le Spice Girls. "Alza, papà, alza... A palla!" E la mia macchina diventava un involucro sonoro di un coattume senza limiti. Quando fu la volta dei Led Zeppelin toccò mettersi i tappi alle orecchie. Una volta scoperto che col papà si poteva ascoltare la musica in quel modo non volevano più né la mamma né la tata, perché con loro sarebbe stato impossibile alzare tanto il volume. Giulia cominciava già a fare delle piccole feste in casa, amava il ballo e la musica dance. Paolo in quel periodo invece era molto riservato. Era timido, con qualche problema di insicurezza dovuto a due incidenti successi quando era molto piccolo. A due anni si era scottato un braccio appoggiandolo sul vetro rovente del forno, e qualche anno dopo aveva rischiato di perdere un occhio quando il cane lupo dello zio gli si era avventato contro. Se la sorella aveva un carattere forte, indipendente e le idee già molto chiare, Paolino (così mi piace chiamarlo) aveva qualche fragilità, pur andando molto bene a scuola ed essendo un piccolo tennista mancino dotato di gran talento. I problemi affioravano ogni volta che doveva fare un periodo di studi in Germania o affrontare una gita scolastica all'estero con la classe. Per lui partire era un tormento, gli dava una grande sofferenza. Ci prendevamo molta cura di lui, ma era tutto assai difficile e i risultati non si vedevano.

Un pomeriggio del 1998 Paolo, che aveva dieci anni, venne da solo a trovarmi nel mio studio, che all'epoca era in via Giulia. Mi raccontò il suo malessere, cercava incoraggiamento nelle mie parole. Mentre lo rassicuravo, confessandogli che anch'io alla sua età avevo sofferto di tante ansie, il suo sguardo si posò su una bella chitarra a dodici corde che avevo comprato da poco. Mi chiese se la potevo suonare. Non ho mai avuto un gran talento per la chitarra, per il semplice motivo che non ho mai preso lezioni. E quindi il massimo che potei fare fu una ventina di accordi blues. Paolo rimase incantato da quel suono e volle provare lui a fare qualche nota. "Sei mancino, Paolino, non ti posso insegnare nulla. Ci vuole una chitarra adatta a te." Mi chiese: "Ma i mancini possono suonare ugualmente bene la chitarra?" Allargai le braccia: "Ma scherzi? Jimi Hendrix, il più grande chitarrista del mondo, era mancino!" Rimase in silenzio per un po'. E poi: "Mi presti qualche CD, qualche cassetta di Jimi Hendrix?" Mi si aprì il cuore. Misi in un sacchetto di plastica quasi tutta la collezione e glielo diedi. E dissi: "Però prima che lo ascolti ti devo spiegare da dove proviene la sua musica, in cosa consiste la sua bravura, ma soprattutto come nasce il blues." Ricordo che mi lanciai in una lezione appassionata, che durò tutto il pomeriggio. E lui non perse un colpo, era attento, chiedeva spiegazioni che cercavo di fornirgli con semplicità e precisione. Andò via ansioso di tornare a casa per ascoltare Hendrix. Mi raccomandai di sentire in sequenza il suo album di esordio, poi il secondo e infine il terzo. "Se non fai così non puoi capire la sua evoluzione come chitarrista."

Quando andò via pensai che avevo trascorso un bel pomeriggio con lui. Quei discorsi su Hendrix e il blues lo avevano distratto dalla sua inquietudine. Mi aveva colpito il suo stupore nel vedere la mia nuova chitarra, la sorpresa di scoprire un epico chitarrista mancino. L'indomani al ritorno da scuola trovò nella sua stanza una chitarra acustica con un biglietto: "Cerca di imparare a suonarla bene. Cerca di fare quello che papà non è riuscito a fare."

Quel regalo fu la vera cura per Paolo. Comprò un manuale per gli accordi e cominciò il suo percorso da autodidatta. E fui io a risolvergli il tormento delle partenze e dei distacchi, obbligandolo a portare con sé la chitarra. Era quasi un ordine. Perché nei momenti difficili il cervello non può stare su due fronti. E suonare implica una tale concentrazione che il resto non riesce a far danni. Fu una bella intuizione terapeutica che lentamente, mese dopo mese, portò alla soluzione del problema. Sinceramente penso che lo strumento abbia fatto molto, ma più ancora dello strumento fece la persona che ebbe questa premura: suo padre. Paolo desiderava una mia maggior presenza, un mio aiuto diretto, una condivisione profonda in tante cose. Quella volta lo capii, e mi impegnai a consumarmi meno nel lavoro e a dedicare più tempo ai figli.

In pochi mesi Paolo imparò diverse scale blues, alcune complesse. Mi meravigliavo della sua sicurezza, del suono pulito e dell'abilità nell'eseguire accordi complicati, che io mai avrei saputo fare. Cominciai a pensare che avesse una buona predisposizione. In più non faceva altro che chiedermi album dei Led Zeppelin, degli Who e dei Cream. Se era arrivato a farmi quelle richieste voleva dire che la chitarra stava diventando una vera e propria passione. E allora, approfittando della sua promozione, gli comprai una prima chitarra elettrica Yamaha, per avvicinarlo a un suono più potente.

Dopo qualche mese sono fuori Roma sul set e sul mio vecchio Nokia arriva una raffica di brevi video da parte di Paolo. Erano cinque riff dei Led Zeppelin e tre intro degli Who. Erano perfetti. Tornato a Roma non persi tempo: chiamai Maurizio Bonini, bravissimo chitarrista hendrixiano, e gli chiesi di dare lezioni a Paolo. E dopo tre anni da Bonini, Paolo passò dal mio talentuoso amico Marco Manusso per imparare da lui l'eleganza degli arpeggi.

In pochi mesi la Yamaha fu sostituita da una Fender Stratocaster e dopo un anno alla collezione si aggiunse una Gibson

Les Paul. Paolo era riuscito dove suo padre non era riuscito. Mi sentivo orgoglioso. Finalmente un Verdone chitarrista. E arrivammo, incredibilmente, al giorno in cui Paolo venne ascoltato dal discografico di Joe Bonamassa, che gli chiese di dare un contributo al progetto Supersonic Blues Machine con un breve assolo. In quell'album c'erano alcuni dei più talentuosi chitarristi americani: Warren Haynes, Billy Gibbons, Walter Trout e lo stesso Bonamassa.

Dov'erano finiti l'insicurezza adolescenziale, l'ansia per i distacchi, il senso di inadeguatezza di un ragazzino davanti agli amici? Tutto svanito. Per merito di uno strumento musicale, per merito di una passione che cresceva giorno dopo giorno ed esaltava un estro nascosto. Ma soprattutto perché Paolo aveva condiviso con me quello che gli avevo fatto conoscere e amare. Sì, a oggi è l'unica persona con la quale mi capisco al volo, non solo nella musica ma in tante altre cose. È come se a un certo punto – non subito, non da sempre – ci fossimo incontrati per la prima volta, scoprendoci molto simili. Ed è una sensazione indescrivibile perché, sembra assurdo dirlo, a me sembra di avere più un amico del cuore che un figlio. Andiamo all'estero per ventiquattr'ore ad ascoltare un concerto, ci scambiamo brani rari, ci consigliamo libri e film, ci imbuchiamo in qualche mostra d'arte e ci confidiamo i nostri progetti. Nonostante gli impegni di lavoro miei e suoi, che spesso ci portano in giro per il mondo, due o tre giorni al mese sono nostri, solo nostri. Chiudiamo i cellulari e ci abbandoniamo all'ascolto di qualcosa che ci unisce. Che sia una sinfonia diretta da Carlos Kleiber o qualche live sconosciuto di Jimmy Page, Jeff Beck o David Sylvian.

A proposito di unione, quale migliore evento da rivivere con mio figlio, ormai chitarrista devoto alla musica degli Who, che un concerto degli Who? Quale perfetta occasione per imitare e

142

tramandare il gesto di mio padre, che da grande genitore qual era mi portò a vedere i Beatles al Teatro Adriano di Roma nel lontano giugno del 1965? Mi sentivo in dovere di dare a Paolo l'opportunità di assistere a una performance dal vivo dei miei beniamini prima che fosse troppo tardi, dato che avevano già perso lungo la strada Keith Moon e John Entwistle. Un dovere unito alla speranza di ritrovare quelle note che avevano fatto felici i miei vent'anni e che avrebbero potuto segnare allo stesso modo i suoi diciannove. E così andammo all'Arena di Verona, unica data italiana del tour 2007. Il cielo era nuvoloso e non prometteva nulla di buono, ma l'euforia di vedere Townshend e compagni teneva lontani i timori. Fin dalle prime ore del pomeriggio il centro di Verona era ingolfato di gente. Dialetti calabresi, romani, sardi, emiliani e siciliani si mischiavano al veneto di maggioranza. Vecchi hippie con i capelli bianchi e lunghi legati a coda, facce da impiegati, ragazzi con i piercing, borghesi di mezza età in giacca con i figli giovani stile *no-global* erano lì a testimoniare quanto gli Who riuscissero a compattare più generazioni e più modi di essere in un'unica, grande massa. Segno inequivocabile di una musica col dono dell'immortalità nella sua poderosa energia. Alle 21.15 le luci dell'Arena si abbassarono; sopra le nostre teste un cielo minaccioso come non mai. Toccammo ferro. Il palco s'illuminò e partì *I Can't Explain*, il loro primo successo degli anni sessanta. Un'introduzione potente e orecchiabile che scaldò subito la moltitudine. Seguirono *The Seeker* e *Substitute*, eseguite da Townshend, in completo grigio e occhiali scuri, con una grinta da ventenne. Paolo si scatenò, la voce di Daltrey reggeva ancora bene, ma sulla violenta *Who Are You* una serie di fulmini a zampa di gallina annunciò il disastro. I capelli del batterista Zak Starkey furono investiti da una tromba d'aria che fece traballare non solo i piatti della batteria, ma l'intera struttura. Venne giù un diluvio biblico. Le luci si spensero e s'iniziò a temerc la fine di tutto dopo appena venticinque minuti. Il pubblico era fradicio dalla testa ai piedi, sembrava come ripescato da un fiume. Paolo era tranquillo, fiducioso che il concerto sarebbe ripreso. Dopo un'ora, in uno stato di pre-polmonite, vedemmo le luci riaccendersi. Si ripartì. Ma sulle note della dolce *Behind Blue Eyes* il povero Daltrey steccò di brutto. Dopo una reazione stizzosa il cantante abbandonò furibondo il palco. Ci fu spiegato che la sua voce si era raffreddata e il concerto s'interruppe di nuovo. Urla, fischi e improperi accompagnarono la ritirata della band dietro le quinte. "Mi sei costato centoquaranta euro... ma va a cagher!!!" "C'è gente che viene da Crotone! Uscite fuori!"

Una volta erano gli Who a tirare la roba contro il pubblico, stavolta era il pubblico che si preparava a lanciar loro di tutto. A fare il miracolo fu Pete Townshend, che si caricò dell'immensa responsabilità di risollevare quella serata maledetta stravolgendo la scaletta e cantando lui stesso tutte le canzoni sotto una pioggia battente. Non solo ci riuscì alla grande, ma fu assai più efficace di un Daltrey in forma. Si fece in quattro! La sua energia e la sua rabbia riportarono dritto agli anni d'oro della band. Paolo, completamente zuppo, era alle stelle: sorrideva, si esaltava, ballava e applaudiva. L'esecuzione di *My Generation* e dell'esplosiva *Won't Get Fooled Again* ci ripagò di tutto lo strazio del maltempo. A conti fatti non fu un concerto degli Who ma di Pete Townshend. Ma soprattutto è stato il concerto mio e di Paolo. Un momento in cui tra me e lui è avvenuta una sorta di successione. Il transfert di un amore viscerale che ha attraversato la mia intera esistenza. E solo per questo, credetemi, ne è valsa la pena.

Arriva un momento nella vita in cui non metti più al primo posto il lavoro, l'acclamazione del pubblico, l'ansia da prestazione per quello stai facendo o farai. E tutta la tua attenzione si sposta verso i tuoi figli, dei quali diventi il primo vero tifoso. È naturale, e la vera sorpresa è che non sarai più tu a insegnare a loro, ma loro a te. La logica conclusione di questo racconto è che una vita priva di passioni, trasmesse e condivise, è assai triste, se non inutile.

UN POMERIGGIO
AL CIRCO

Mio padre con i nipoti: alla sua destra Brando e Maria Rosa, i figli di Silvia;
alla sua sinistra Paolo e Giulia.

Quando i miei figli, Giulia e Paolo, frequentavano le elementari, avevano in testa una gran confusione: non capivano che lavoro faceva il padre. Spesso li invitavo con la mamma o con la tata sul set e cercavo di spiegare loro cosa significa fare l'attore, il regista, e che ruoli avevano tutte le persone che mi circondavano e lavoravano con me. C'era uno stupore incerto sui loro volti. Restavano perplessi vedendomi interpretare un carattere che non riconoscevano. Mentre giravo una performance comica non ridevano: dovevo sembrar loro un pazzo che si trasformava in un altro pazzo. Vedevano molti cartoni animati, e per loro il cinema non di animazione era ancora tutto da scoprire. "Ma possibile che non riesco mai a far ridere 'sti ragazzini?" mi chiedevo sempre: per me era diventato un cruccio. Ma la svolta avvenne un sabato durante le feste natalizie, quando mio padre Mario m'invitò insieme ai miei figli a uno spettacolo pomeridiano del circo di Liana Orfei. Mio padre è stato anche uno storico del circo e in generale dei giochi circensi, dall'antica Roma fino alla metà del Novecento. Una passione che saldò la sua amicizia con Federico Fellini. Quel pomeriggio era la prima volta che Paolo e Giulia entravano in un circo, e grande era per loro l'attesa, il desiderio di vedere le tigri a pochi metri.

Liana Orfei ci aveva riservato i primi posti davanti alla pista, e i miei figli erano eccitati ma anche un po' spaventati: temevano, ci dissero, che gli animali potessero abbattere le alte barriere e arrivare fino a loro. Li tranquillizzammo, almeno al momento, con un sacchetto di popcorn gigante.

Si spengono le luci e un riflettore a occhio di bue accompagna l'ingresso di Liana Orfei, che avvolta in un sontuoso vestito luccicante saluta cordialmente il pubblico. Prima di annunciare il primo numero si rivolge a noi: "Un saluto e un ringraziamento speciale va a un grande studioso e storico sostenitore del mondo del circo: Mario Verdone!" Il pubblico applaude con rispetto. Liana Orfei prosegue: "Ed è per noi un grande onore avere qui questo pomeriggio anche il figlio del professor Verdone con i suoi due bambini: il grande Carlo Verdone. Un bell'applauso!" Scatta un'ovazione. Io mi alzo per ringraziare il pubblico mandando baci a destra e a sinistra. Giulia e Paolo mi fissano stupefatti. Giulia mi fa: "Ma come fanno a conoscerti tutti?" "Giulia, è perché faccio l'attore! L'attore comico che fa ridere al cinema. E al cinema ci va tanta gente." E Paolo: "Però non fai ridere tantissimo... Sei strano, quando fai l'attore... Fai più ridere a casa, quando sei tu." Taglio corto: "Basta! Un giorno andremo al cinema e vi faccio vedere come la gente ride per papà. Voi non avete ancora capito che lavoro faccio! Ora silenzio, godiamoci lo spettacolo."

Trapezisti, giocolieri, clown, tigri, cavalli si alternano a un ritmo festoso scandito dalle note dell'orchestra che suona dal vivo accanto alla pista. Ma per me e papà il vero spettacolo sono loro, Paolo e Giulia: incantati, a bocca aperta davanti a tutto quello che vedono. Liana Orfei annuncia l'ingresso degli elefanti, che disciplinatamente si dispongono in perfetta geometria tutto intorno alla pista. Uno di loro è a dieci metri da noi:

Giulia e Paolo, terrorizzati, trovano riparo dietro le mie spalle. Gli elefanti fanno diversi numeri incredibili e alla fine escono di scena con un inchino alla platea. Ma Liana Orfei blocca l'ultimo elefante dicendogli: "Lo sai che sei stato un po' maleducato? Ti è venuto a vedere un grande attore e tu che sei un suo collega non l'hai salutato e ringraziato come si deve." E poi, rivolgendosi verso di noi: "Carlo, alza un braccio, così Simba viene a scusarsi." Noi quattro ci guardiamo atterriti. Mica ci manderà l'elefante addosso... Alzo il braccio con scarsa convinzione e Liana Orfei con una canna indica all'elefante di avvicinarsi a noi. "Vai, vai... E mi raccomando, un bel saluto al nostro Carlo!" Il pubblico applaude, noi no. Perché è impressionante vedere un pachiderma che lentamente ti punta se non sai bene cos'ha in mente di fare. Giulia e Paolo, agghiacciati, ci pregano di mandarlo via. L'elefante posa una zampa sul muretto dell'arena. Mio padre e i miei figli fuggono. Io, per non offendere Liana Orfei, resto incredibilmente al mio posto, pronto però a darmela a gambe appena il bestione supera la barriera. Alcuni spettatori si alzano, spinti dalla paura, e corrono verso l'uscita. Gli altri si godono lo spettacolo del terrore stampato sulla mia faccia. Liana Orfei urla: "Forza, saluta Carlo!" L'elefante alza lo zampone, arriccia la proboscide e fa partire un barrito così forte che dalla sua bocca parte uno scatarro voluminoso, che mi centra in pieno viso. Mi scappa un furibondo "Ma che cazzo!" Il pubblico esplode in una risata incontenibile, che dura un'eternità, perché mi frugo in tasca ma non trovo il fazzoletto per pulirmi. Finalmente Liana, che non ha ben capito cosa è accaduto, richiama l'elefante, che si avvia dondolando verso l'uscita. Accorre mio padre, preoccupato perché mi bruciano gli occhi, continuo a strizzarli, e chiede in giro una bottiglia d'acqua, che nessuno ha. Si precipitano da noi Giulia e Paolo, che vedendomi con quella maschera disgustosa in faccia iniziano a ridere a crepapelle. Finalmente accorrono due inservienti del circo. Mentre vengo portato via il pubblico applaude. Qualcuno grida: "Grande Carlo!" Paolo e Giulia mi seguono correndo verso una roulotte dove potrò ripulirmi. Paolo, ancora esilarato: "Oggi mi hai fatto troppo ridere! Sei stato bravissimo." Io protesto: "Bravissimo? Io rischio un'infezione e tu mi dici bravissimo!" E Giulia, dandomi la mazzata finale: "Ha ragione Paolo, fai più ridere quando sei tu, quando non fai l'attore." Esplodo: "Basta! M'avete rotto le scatole!" Mentre torniamo a casa in macchina, e io ho il viso tutto arrossato per la quantità di sapone e disinfettanti che ho usato per liberarmi di quella melma, ridono ancora. Mio padre cerca di contenersi, ma non ci riesce granché bene. Episodio più imbarazzante non mi poteva capitare, però mi rendo conto che malgrado tutto sono stato il momento clou dello spettacolo. E finalmente posso dire di essere riuscito a far ridere i miei figli per la prima volta. Grazie a un elefante e alla sua mira involontaria. Lo considero, filosoficamente, come un primo piccolo successo.

# MEMORIE
# DAL LITORALE

Il litorale laziale tra Sabaudia e il monte Circeo.

Credo che Federico Fellini non sia stato solo un grande regista ma soprattutto un acuto psicologo di caratteri, facce, atteggiamenti, esibizioni ed eccessi che popolano costantemente le nostre giornate. E forse mai nessuno come lui, uomo dell'Adriatico, ha saputo cogliere l'anima di una regione, il Lazio, così piena di contraddizioni tra sacro e profano, mitologia e cronaca nera, fascino imperiale e cagnara periferica. Non a caso tanti sono stati i film da lui ambientati in quella linea costiera che va da Civitavecchia a Ostia e da Ostia a Sabaudia passando per Anzio e Nettuno. Perché è indubbio che il litorale laziale è un grande, immenso minestrone in cui galleggia un'umanità incredibile, varia, promiscua, colorata e chiassosa che non è altro che la vera anima di Roma e delle sue città satelliti.

Quando un romano dice "Annamo ar mare?" lo dice con una luce in volto come se dovesse partire alla conquista di chissà quale terra delle meraviglie. Perché andare al mare per noi è un viaggio eccitante e impegnativo (nonostante sia a soli trenta chilometri). Ma una spiegazione c'è: nessuno tiene all'esibizione del proprio corpo, del proprio costume, dell'abbronzatura, degli occhiali da sole e degli asciugamani come noi. La filosofia in sostanza è questa: "O ce vai preciso o è mejo che te ne stai a casa!"

Insomma, la spiaggia come un grande teatro, un grande circo. O anche come campo di battaglia. È ancora vivo nei miei ricordi uno dei più grandi scempi avvenuti nel tratto di mare fra Anzio e Nettuno nel lontano 1970, un episodio che oggi per fortuna non potrebbe avvenire più. Stanchi di subire i soprusi dei ragazzi di Nettuno che la notte partivano con mazzafionde, sacchetti di vernice e cerbottane, quelli di Anzio si decisero alla resa dei conti: appuntamento al tramonto per una vera battaglia navale a pomodorate. Decine e decine di pattini, barche e canotti carichi di sammarzano e pomodori fradici si scontrarono, a circa duecento metri dalla riva, dando luogo a una delle immagini più cafone che occhio umano abbia mai contemplato. Dopo appena mezz'ora il mare di Enea era diventato un immenso monnezzaio. Ricordo che ci fu addirittura qualcuno che finì all'ospedale colpito scorrettamente non da un pomodoro ma da una raffica di patate.

Il vero disastro fu che la corrente del mare trasportò quel luridume nelle acque di Torre Astura, dove una troupe americana stava girando un film mitologico. Ebbene, le riprese furono sospese, con il regista furibondo che minacciava di andarsene maledicendo il giorno in cui era arrivato. Fu una figuraccia per tutti. E in barba alle proteste generali delle due cittadine, i capi di questa inverecondia guerra s'incontrarono e finalmente, siglando la pace con un abbraccio, si dissero: "'A guera è guera! Però se semo divertiti..."

'A spiaggia laziale non ha nulla a che vedere con gli altri litorali della penisola. Qui è tutto più forte, più eccessivo, più anarchico. Anche le voci si distinguono per il volume... "A Francooo... annamose a fà 'n tuffo!" E Franco, da una cinquantina di metri: "Mo' arrivo! Famme finì 'a sigaretta..." Ma non c'è solo il tono screanzato della voce a sopprimere il dolce rumore della marina laziale. C'è l'entrata in acqua "a bomba", dove il rispetto per chi si immerge cautamente a saltelli, con le braccia aperte, se ne va a quel paese. C'è la solita pallata di sabbia sulla schiena dell'amico, che altro non vuol dire se non "stamo ar mare, divertimose!" C'è il virtuosismo del palleggio sulla riva, e poco importa se il tiro, sbilenco o violento, colpisce un ombrellone o una schiena unta di crema. Tanto al massimo il rimprovero che ti giunge è un cupo *ooooh*...

Qui al mare tutto è permesso. Si torna bambini, si diventa infantili. Perfino la povera medusa, morta e squagliata sulla riva, viene per sfregio trafitta, seviziata, sezionata con la paletta e sotterrata come un essere mostruoso e incomprensibile. "Me volevi pizzicà, eh?... Mortacci tua!"

Se devo essere sincero qualche volta ho la sensazione che anche certe misure corporee siano più esagerate rispetto alle altre. O forse è la maniacale ostentazione della mascolinità o femminilità che me le fa apparire tali: tanga femminili risucchiati tra natiche possenti e vanitose; attributi maschili in assetto di massima allerta; bicipiti palestrati del tipo "se me rompi te gonfio"; colli taurini con le solite catene d'oro pesante o col classico dente di pescecane. Seni prorompenti, invadenti, romani, *felliniani*... Facce marcate, dure, malinconiche, *pasoliniane*. Ragazzi che da lontano camminano sulla riva col costume e non capisci perché hanno addosso una camicia aperta, per poi accorgerti che non sono maniche ma tatuaggi completi sugli interi arti superiori. Gente che parla per ore in piedi sotto il sole al cellulare, abbronzandosi o bruciandosi la schiena. Sì, il litorale del Lazio è anche questo: bellezze violente e volgarità inconsapevoli che s'inseguono di continuo in un'immagine contraddittoria dove il ritegno spesso cessa di esistere.

Come estraniato da quella caciara turbolenta di ragazzini che piangono, di madri che urlano, di giovanotti che ridono e giornali che volano, lui, solo lui, mantiene la sua dignità silenziosa e felina: il bagnino. È l'ultimo imperatore di quel pezzo di territorio autenticamente romano. Annoiato, tatuato, marcato dalle rughe solari, con un occhio guarda il mare e con l'altro il sedere di una mora. A lui tutto si chiede e da lui tutto si ottiene, anche se la mimica è ristretta a quel suo pigro cenno della testa.

Ma se Fellini e Flaiano seppero cogliere con ironia e anche poesia i colori, le voci, gli atteggiamenti, le tipologie di una moltitudine in viaggio per la spiaggia promessa, Moravia, al contrario, riuscì a scoprire un aspetto del litorale laziale sconosciuto per molti anni alle invasioni di massa: la grande spiaggia di Sabaudia.

L'introversa letteratura di Moravia (che amava ritirarsi in una villa sul litorale per scrivere) riflette sicuramente i colori inquieti di quel luogo, dove l'austerità del lago si contrappone a un'enorme lingua di sabbia accecante. Non ci sono mezze tonalità a Sabaudia: le luci e le ombre sono forti, contrapposte, nette. Ho sempre pensato che se esiste un luogo dove ancora si percepiscono spiriti e fantasmi del passato non può che essere Sabaudia. Sì, perché Sabaudia rimanda nei suoi scorci a storia e mitologia. Atmosfere esoteriche e lontane cronache del regime convivono in simulacri marmorei, gelidi, autoritari. O nella scultura delle cime del monte Circeo, affascinante, maestoso e sinistro. Qui la sacralità mitologica della dimora della maga Circe viene profanata dalla sagoma severa del Duce che sembra apparire nell'andamento dei rilievi della montagna.

Con l'arrivo delle prime nuvole di fine estate, l'arenile abbagliante s'incupisce fino ad assumere non i colori malinconici dell'Adriatico, ma quelli tenebrosi di un mare scuro e inquieto.

Ecco la solitudine di una spiaggia che restituisce miti, poeti, romanzi e piccole storie mondane vissute per una sola estate.

## LA SIGNORA STELLA

Vecchie lettere, grandi amori.

Se c'è una cosa a cui non posso rinunciare al mattino prima di mettermi al lavoro è andare in moto a fare colazione nei miei bar-pasticceria preferiti di Monteverde Vecchio. Siccome sono affezionato a tre locali, e non me la sento di sceglierne uno per abbandonare gli altri, vado a rotazione. Ho stretto amicizia con tanti, anche con i ragazzi africani che fuori dalla porta chiedono gli spiccioli. "Buongiorno maestro, forza Roma!" è il saluto più frequente con cui mi accolgono. Qualcuno, per farmi contento, si spinge più in là dicendo entusiasta di aver visto un mio film: *Bianco Verdone, Sapone e Verdone, Troppo forti, In viaggio con sorella, In bocca al lupo* e così via. Non ne azzeccano uno! I più audaci mi prendono in giro con un bel "Forsa Lassio!"

Una tiepida mattina d'inizio autunno del 2015 ero seduto al tavolino e leggevo il giornale in attesa del cappuccino scuro e dell'immancabile occhio di bue. Riflettevo con stupore che da alcuni giorni nessuno si avvicinava per consegnarmi il solito soggetto, la solita sceneggiatura, la solita raccolta di poesie, i soliti sonetti in romanesco o per chiedermi un videomessaggio per la fidanzata, la madre ricoverata, il fratello depresso, il figlio piccolo che sa tutte le battute dei miei film a memoria e l'amica che sta per partorire. Alzai lo sguardo e notai poco lontano una signora che mi fissava. Era sulla cinquantina, distinta, vestita con sobrietà. Già immaginavo la scena, la storia autobiografica che mi avrebbe proposto. Niente. La donna rimase ferma, ma qualcosa in lei tradiva una certa agitazione. Finii il cappuccino, posai la tazza e la vidi venirmi incontro con il passo di chi sfida un forte imbarazzo.

"La posso disturbare due minuti?" mi chiese con voce tremolante.

Con un gesto della mano, già armato di pazienza, la invitai a sedersi al mio tavolino.

"Mi dica, signora, cosa mi vuole far leggere?" dissi in tono rassegnato.

"Niente, assolutamente niente. Non ho mai scritto una riga in vita mia," reagì lei, opponendo una timida difesa unita a un'espressione intensa. E poi, con dolore: "Non so da dove cominciare. Mi chiamo Anna e ho una sorella che sta per lasciarmi per un tumore invasivo. È a letto da molti giorni; mi creda, soffre tanto."

Abbassai lo sguardo per evitare i suoi occhi lucidi.

"Va avanti con l'ossigeno e forti antidolorifici. C'è solo una cosa che la distrae in questi ultimi sprazzi di vita: i suoi film. Li vede in continuazione," mi disse.

"Signora, la ringrazio di farmi sentire così importante... forse troppo," frenai, tentando invano di prendere le distanze.

"Dottor Verdone, lei può essere ancora più importante per mia sorella," proseguì la signora.

"Come?"

"Una settimana fa è venuta a sapere che lei abita vicino a casa nostra e che viene spesso a fare colazione in questo bar. Ieri mattina i dolori e le crisi respiratorie le hanno dato un po' di tregua, così mi ha supplicato di riferirle del suo desiderio di conoscerla, casomai l'avessi vista."

Ero imbarazzato dalla sua compassionevole onestà.

"Fortuna ha voluto che lei oggi fosse qui, per cui la prego di riservare mezz'ora del suo tempo per mia sorella. Vuole soltanto dirle grazie."

"Certo. Dopodomani alle diciassette può andare bene?" dissi, sciogliendo il nodo che avevo in gola.

La signora Anna mi abbracciò. Sentivo le sue lacrime bagnarmi l'orecchio.

"Avevo tanta paura che mi avrebbe detto tra chissà quanti mesi... Perché ormai siamo agli sgoccioli, dottor Verdone," aggiunse. "Le piace il tè al gelsomino?" domandò, mentre mi scriveva l'indirizzo su un foglietto.

"Molto, ma non si disturbi."

Con un sorriso tenue e le guance arrossate uscì dal bar pronunciando un impercettibile "grazie".

Devo ammettere che per qualche secondo mi soffermai a riflettere sulla sincerità di Anna. Ormai vivo nel perenne sospetto di trovarmi di fronte a mitomani, squilibrati o veri e propri maniaci. Ho assistito a tanti di quegli episodi pazzeschi che sono sempre molto attento a scrutare bene chi ho davanti. Tempo fa ero bravissimo nell'inquadrare al volo chi incontravo per la prima volta. Oggi invece, dopo aver preso due spiacevoli cantonate, non mi sento più tanto infallibile. Certe patologie sono diventate così multiformi e diffuse che rischio di scambiare per stravaganza autentici disturbi della personalità.

Il dubbio quella volta svanì subito. C'era troppa sofferenza sul volto della signora, e il disagio con cui mi aveva chiesto il favore non poteva essere una messinscena. Sentivo una forte motivazione, dovevo proprio andarci. Il destino era stato benevolo con me fino a quel momento e non potevo ritrarmi davanti a una donna che in procinto di lasciare la vita terrena aveva espresso il desiderio di vedermi per ringraziarmi.

Mi era montata una leggera ansia. Chissà in che condizioni era la signora malata. E se l'avessi vista simile a mia madre nei suoi ultimi giorni? Temevo di vivere di nuovo un incubo che aveva impiegato anni a svanire.

Il giorno dell'appuntamento raggiunsi l'edificio sotto il diluvio. Era a circa due chilometri da casa mia. Ero agitatissimo, e così in macchina mi accesi una sigaretta; del resto ero in anticipo di dieci minuti. Tra una boccata e l'altra m'imposi di essere assolutamente disinvolto, normale, di non tradire espressioni apprensive o commosse che avrebbero aggravato l'atmosfera. Scesi, citofonai, presi l'ascensore e suonai il campanello.

Sulla porta mi accolse l'euforia piena di gratitudine di Anna. L'ingresso era di un'eleganza essenziale, debolmente illuminato da un'applique. Dal salone accanto proveniva la luce diffusa da un grande lampadario di Murano.

"Grazie, dottor Verdone, mi scusi se le ho fatto perdere tempo, basterà un quarto d'ora," mi tranquillizzò Anna, conducendomi in un corridoio in fondo al quale c'era una porta socchiusa. Dallo spiraglio usciva una luce fioca.

Il cuore cominciò a battermi all'impazzata: "Non si preoccupi, sono contento di farlo," dissi, ed ero sincero.

Anna aprì la porta e annunciò piano: "Stella, abbiamo una visita. Faccio entrare?"

"Eh... Ho i capelli in disordine, dammi la spazzola. Aiutami," rispose una voce affaticata.

Anna mi fece cenno di aspettare, poi entrò da sola nella camera, credo per sistemare le lenzuola, il pigiama e i capelli della sorella, che chiedeva con insistenza chi fosse mai arrivato.

"Vedrai, è una grande sorpresa... ora faccio entrare." Anna si riaffacciò alla porta e mi fece segno di accomodarmi.

Distesa sul letto c'era una bella signora, un po' gonfia,

entrambe le braccia bucate dalla flebo e al naso la cannula per l'ossigeno. Per qualche secondo mi guardò sbalordita, poi distese il volto in un sorriso adorabile.

"Verdone... che bel regalo mi ha fatto," mi disse, con un filo di voce.

"L'ho fatto con vero piacere, mi creda."

Anna accostò con garbo una sedia al letto, aggiungendo che avrebbe portato un tè al gelsomino e dei pasticcini.

"Lasciaci soli e chiudi la porta, per favore..." ordinò con delicatezza la sorella malata.

Immersi nella penombra, la donna e io ci fissammo in un complice mutismo. Poi la mia attenzione si soffermò sulle sue braccia coperte di ematomi. Per evitare quello strazio cercai rifugio sul viso, dolce e distinto, sui capelli grigi ben pettinati e sugli occhi grandi, verdi, appesantiti dalle occhiaie. Sulla parete spiccava un'enorme fotografia di una giovane donna in bikini con i lunghi capelli biondi mossi dal vento. Sullo sfondo una spiaggia selvaggia e un mare trasparente.

"Le piace quella foto, Verdone?" domandò in tono ammiccante.

"Molto. Bella la foto e bella la ragazza. Mi chiami Carlo, però, la prego."

"E lei mi chiami Stella. La ragazza sono io, ero in Sicilia per un servizio fotografico... *Carlo.*"

Ero totalmente catturato da quell'affascinante creatura dagli occhi verdi che bucavano l'obiettivo, il corpo slanciato, perfetto, avvolto in un costume sexy che i più maliziosi avrebbero ritenuto superfluo.

"Quindi lei è stata una modella..."

"Per qualche anno. Poi ho fatto la giornalista in una rivista di moda."

Con grande fatica cercai di attribuirle un'età. Poteva avere più di cinquant'anni come più di sessanta. La malattia e le cure l'avevano trasformata, risparmiando solo quel volto raffinato. Le chiesi se fosse sposata e se avesse figli. Accennò un no con la testa, senza nascondere un velo di rammarico.

"In fondo è meglio. Pensi, dover lasciare un marito e dei figli a metà strada. Pensi al dolore di avere una moglie e una madre in fase terminale alla mia età..." Poi aggiunse, sospirando: "Non sono così vecchia."

L'età non me la rivelò, e io non approfondii. Vincendo l'emozione cercai di darle un minimo di forza: "Capisco che lei sta combattendo con coraggio e tenacia, ma prima di usare *terminale* ci andrei cauto. Ne ho viste, di situazioni tragiche, eppure lei mi sembra piena di vita, e l'aspetto che ha non è assolutamente quello..."

"Sì certo," tagliò corto, quasi che non le importasse nulla delle mie considerazioni. "Senta, Carlo, sa perché ho chiesto a mia sorella di disturbarla?"

All'improvviso la sua spiegazione fu interrotta da una serie di colpi di tosse. Stavo per aiutarla, ma lei agitò la mano per dirmi di restare al mio posto. In pochi secondi, finalmente, tutto si calmò.

"Semplicemente la volevo ringraziare per le tante ore in cui mi ha fatto compagnia," proseguì, e trasse un respiro profondo. "I suoi film mi hanno aiutato a sopportare le notti in cui i dolori erano atroci, strappandomi tante risate. Hanno funzionato più di qualsiasi medicina. Le pare poco?"

Mi stava donando parole tra le più belle che avessi mai ascoltato. Faticavo a trattenere la commozione, ma dovevo spezzare la tensione. "Mi faccia capire, io quindi per lei sarei meglio di un farmaco?"

166

"Ma indubbiamente!" replicò con voce vibrante, tentando di sollevare le spalle dal letto.

"Sì, ma siamo precisi. Più antidolorifico o più antidepressivo?"

"Lei ha il dono di accarezzare le persone fin dentro il cuore, ma temo che non se ne renda conto."

"Non me ne rendo conto, ed è un bene, altrimenti sarei un geometra della risata che decide a freddo quando inserire la battuta, dove inserirla e come far finire il film in modo paraculo per lasciare il pubblico con il sorriso. No, io scrivo i soggetti senza calcoli, e spero tanto che la mia sincerità si noti," spiegai con la massima semplicità.

D'un tratto ricomparve Anna. Reggeva il vassoio con il tè e dei pasticcini mignon disposti su un piattino stile inglese. Sistemò il tutto sul tavolino accanto al letto e andò via in silenzio.

"Lei racconta così bene la gente, la malinconia della vita... È difficile non rivedersi nei suoi caratteri," riprese la signora Stella.

Quegli apprezzamenti erano appaganti e insieme eccessivi.

"Signora, non dico mai a me stesso quanto sono bravo perché penso sempre che avrei potuto fare ancora di più. Il giudizio preferisco lasciarlo agli altri, anche perché mi sento spesso inadeguato," e assaggiai un pasticcino.

"Carlo, i veri registi vivono nell'incertezza, ma credo sia comune a tutti gli artisti. Ne ho visti tanti, sa? Di teatro, di cinema, fotografi, pittori. Alcuni mediocri, altri normali, pochi geniali. Anzi, uno soltanto."

Il viso di Stella prese a rivestirsi di tristezza.

"Chi ha conosciuto del mio mondo?" feci incuriosito.

"Molti... sono stata tanto corteggiata," e tese lentamente il braccio verso la parete, verso quella grande fotografia che racchiudeva tutta la sua folgorante bellezza. "Ero così... ero bella."

Rimase immobile, con la mano che indicava quell'immagine,

come se implorasse la giovane Stella di venire da lei. La stanza piena di flaconi, medicine, flebo, bombole d'ossigeno e libri ancora da leggere si era saturata di angoscia. Avrei voluto dirle tante cose, ma nel vedere le prime lacrime scivolare sulle sue guance preferii tacere. Le presi la mano e lei reagì stringendo forte la mia. Fuori impazzavano tuoni e pioggia.

Alla fine raccolsi un po' di coraggio e la esortai: "Non pensi al tempo che corre. Sia forte, la cosa peggiore che può fare in questo frangente è abbattersi."

Mi resi conto che stavo dicendo un mucchio di cazzate. Ero incappato nelle più banali espressioni del dizionario delle frasi fatte da non dire mai a chi è costretto in uno stato pietoso. Il problema era che non riuscivo a tollerare quel silenzio straziante, e meditai addirittura di lasciar cascare la tazza del tè pur di fare rumore. Captando la mia irrequietezza, Stella accarezzò lievemente la mia mano con le sue dita sottili e ben curate. "Nella mia vita ho amato solo un uomo. Tantissimo. E lui altrettanto... forse più di quanto l'ho amato io," rivelò con decisione. "Non abbiamo potuto vivere la nostra passione in libertà. Era un grande amore nascosto," proseguì, guardandomi fisso con gli occhi umidi. "È durata tanto, sa? Un'alternanza di felicità e sofferenza."

"Lo vede ancora, quest'uomo? Se sono troppo indiscreto non mi risponda."

"No, Carlo, lui non c'è più. È morto," e volse lo sguardo verso un comò alle mie spalle. "Era sposato. Al principio eravamo due infelici, ma insieme riuscimmo a compensare i vuoti della nostra vita emotiva. Fu tutto al buio, con appuntamenti in città straniere, in case non nostre. Diventammo specialisti nell'inventare bugie per gli altri. Passavamo ore al telefono piangendo come due bambini, e numerose furono le lettere in cui esprimevamo ciò che non avevamo il tempo o forse il coraggio di dirci. Felicità e sofferenza."

Timoroso di essere andato un po' oltre, sorseggiai il tè, che nel frattempo si era intiepidito. "Capisco, Stella, ho sentito parlare di simili sofferenze vissute. Ma il suo era un ambiente in cui si potevano fare tante conoscenze, e..."

"Apparteneva al *suo*, di ambiente..." mi interruppe. "Un uomo famoso, amato, stimato. Un artista sensibile e unico."

La mia mente cominciò a gran velocità a ripercorrere una lista di registi e attori importanti scomparsi. Ma non dissi nulla, non chiesi nulla.

"Carlo, apra il primo cassettone di quel comò."

Mi alzai, e confuso la implorai quasi: "Stella, tenga per sé questo segreto... Credo sia giusto così."

"La prego, sono io a chiederglielo," insistette con dolcezza.

Aprii il cassettone: ne uscì un profumo di lavanda. Era pieno di foulard colorati, guanti di seta, fazzoletti merlettati e scatole portagioielli di argento e ceramica. Mi voltai verso di lei.

"Sul fondo, sotto i foulard, c'è una scatola di latta antica a fiori. Me la porti e si sieda."

Così feci. Lei sollevò il coperchio e apparve una gran quantità di lettere annodate con legacci di rafia. Mi chiese di aiutarla a sciogliere i nodi e mi passò la prima lettera, avvertendomi di leggere soltanto la parte finale. Poi mi porse la seconda e la terza.

"Legga solo le righe finali. Non gliele do tutte, altrimenti si annoierebbe," mi disse sorridendo.

Devo essere sincero: mai avevo letto frasi di tale bellezza e lirismo. Più leggevo, più quei pensieri sembravano prendere vita. Come se cercassero prepotentemente di separarsi dalla carta ormai ingiallita per sublimarsi in figura poetica assoluta. L'autore di quelle lettere (lo conoscevo, lo conoscevano tutti) era un uomo perdutamente innamorato. Tormentato, ma sicuro dell'autenticità dei suoi sentimenti.

Le cose che avrei voluto dirle mi rimasero impigliate in gola. La ringraziai per la fiducia che aveva riposto in me, per avermi reso partecipe di una storia così privata.

"Carlo, ha visto? Quando si scrive così significa che si tratta di amore vero, profondo." Poi si adombrò: "Vorrei sapere dove sono ora le mie, di lettere. Le avranno fatte sparire di sicuro."

Stavo per farle una domanda, ma prima che ci riuscissi lei propose: "Possiamo darci del tu? Dopo tutte queste segrete confidenze, poi." Rise amabilmente e io mi dimenticai che cosa volevo chiederle. Ma poco dopo gliene feci un'altra, di domanda.

"Perché due persone che vivono una relazione autentica non se ne fregano delle opinioni altrui? Per quale motivo soffrire tanto? Forse avete sbagliato a restare nell'ombra, o no?"

Passarono alcuni secondi, scanditi dal borbottio della bombola di ossigeno.

Infine lei disse: "Lui desiderava sciogliere il suo matrimonio, ma nel farlo avrebbe perso la sua importanza, la sua statura. La gente lo avrebbe considerato l'ennesimo intellettuale che perde la testa per una donna più giovane di lui, una giornalista, sì, ma con trascorsi da modella."

Stella radunò tutte le lettere, le legò di nuovo e le ripose con cura dentro la scatola di latta. La furtiva discesa di una lacrima sancì il mio pensiero: mai più quel prezioso carteggio avrebbe rivisto la luce, mai più sarebbe uscito dal cassettone. Stella continuò: "No, Carlo, sarebbe stato il suo declino, la sua autodistruzione. Dovevo impedirglielo. Quando compresi che stava per sfasciare tutto gli scrissi una lunga lettera e fui io a sparire. Credimi, l'ho fatto unicamente per amore. Dio sa benissimo quanto mi è costato. Ho sacrificato il mio amore, il nostro amore, ma la sua memoria è intatta."

Ammutolii. Solo una donna profondamente innamorata poteva lasciare il compagno per metterlo in salvo dal giudizio infamante degli altri. Ero ammirato e allo stesso tempo assai turbato.

La pioggia non cessava, ma entrambi ci sentivamo cullati dal sole della serenità. Iniziammo a parlare della grande commedia italiana e di attori, attrici, registi o costumisti che lei aveva conosciuto e di cui poteva raccontare qualche aneddoto. Si fecero le otto. Ben tre ore erano scivolate via, come succede tra veri amici. Prima che io mi alzassi, Stella mi strinse forte le mani e mi ringraziò, strappandomi la promessa di ritornare a trovarla.

"Non farmi attendere troppo tempo, Carlo caro..."

"No, stai tranquilla. Ritornerò presto e ti porterò una sorpresa," promisi, pensando di regalarle un DVD con i miei sketch televisivi.

Un sorriso luminoso accompagnò il suo saluto con la mano.

Alla porta d'ingresso, Anna mi abbracciò: "Signor Verdone, le sarò per sempre grata. Lei oggi ha fatto qualcosa d'immenso per mia sorella. Grazie di cuore."

Colto da un magone insostenibile, preludio del pianto, salutai in fretta: "Non mi ringrazi... È stato un miracolo. Grazie a lei." Scesi a piedi per scaricarmi e gradino dopo gradino compresi che qualcosa d'immenso l'aveva fatto Stella nei miei confronti.

Sulla soglia del portone a vetro bagnato dalla pioggia battente capii che mai più avrei incontrato esseri umani come lei, così ricchi di dignità e amore incondizionato. Quella sera era davvero accaduto un miracolo: mi ero dimenticato di trovarmi accanto a una persona gravemente malata, e per questo l'avevo distratta al punto tale di non farle provare alcuna sofferenza per tre ore. Per divagare pensai che quel tè al gelsomino l'avevo assaggiato appena. Poi aprii con forza la maniglia e affrontai la tempesta.

Quella conversazione mi ha cambiato. Mi ha concesso il privilegio di sentirmi un uomo utile, arricchito dalla grazia e dalla riconoscenza di un essere umano giunto alla linea di traguardo della vita. Noi dello spettacolo possiamo davvero lenire con poco i dolori di coloro che ci stimano o che ci mitizzano, a torto o a ragione. Abbiamo un grande potere e non sempre ne facciamo uso. Un po' per mancanza di tempo, un po' per superficialità, un po' per indifferenza. O perché non ci frega nulla delle tragedie estranee al nostro mondo dorato.

La signora Stella non c'è più. Se ne andò poche settimane dopo la mia visita. Che Dio la benedica in eterno. Il regalo che avrei voluto darle è ancora incartato, custodito nell'angolo di un cassettone del mio studio. Proprio come lo struggente segreto che quella donna meravigliosa scelse di condividere con me.


Era trascorso appena un mese dalla scomparsa della signora Stella. Da un lato ero contento che avesse smesso di soffrire, dall'altro ero rammaricato per non essere riuscito a mantenere la promessa che le avevo fatto prima di andare via da casa sua. Quell'esperienza consolidò in me la convinzione che donare un po' di conforto alle persone malate sia giusto, anche se non esente da dispiaceri e (come avrei provato in seguito) da situazioni capaci di mettere a dura prova la pazienza.

Mentre bevevo il caffè seduto al tavolino di uno dei soliti bar vicino casa mia sentii chiamare con discrezione alle mie spalle: "Signor Verdone, si ricorda di me?"

Mi voltai. Era un signore di oltre settant'anni, dal viso perbene e dai modi molto garbati, che mi guardava speranzoso. Avevo già visto quella faccia, ma non riuscii a identificarla.

"Le ho venduto dei plantari. Il negozio di articoli sanitari all'angolo..." precisò.

Finalmente ricordai e lo interruppi subito: "Ah sì, certo. Come sta? Tutto bene?"

Il signore cambiò espressione. In tono addolorato e rassegnato mi spiegò che la moglie era ridotta in carrozzella, accudita in casa da una badante. Siccome aveva saputo da amici del quartiere che avevo fatto visita alla povera signora Stella, mi pregò di fare lo stesso con la moglie. Sicuro che il gesto l'avrebbe resa molto felice.

"Mia moglie non può parlare, però sente tutto e a volte sorride pure. Hai visto mai che con una bella risata se rianima un po' de più?"

Quella richiesta mi prese alla sprovvista e francamente mi gettò in un imbarazzo notevole. Allargai le braccia, non sapendo cosa rispondere.

"Farebbe un'opera di bene, e Dio se ne ricorderà," insistette il signore.

Guardai l'orologio: "Allora, se lei abita qui vicino potrei fare un salto adesso. Un quarto d'ora ce l'ho, poi alle dieci e mezzo devo incontrare gli sceneggiatori. Se vive lontano, dovremo fare un'altra volta, e..."

Nemmeno finii la frase che il signore mi disse: "Signor Verdone, abito a duecento metri da qui... Me faccia 'sto regalo!"

"Guardi, vengo adesso, ma ripeto, non posso stare tanto..."

Mentre bevevo l'ultimo sorso di caffè lui corse alla cassa per pagarmi la colazione. Lo ringraziai, gli chiesi di farmi strada e iniziammo a muoverci lungo via di Villa Pamphili. Durante il percorso gli domandai che cos'aveva la moglie. Lui si fermò di botto e gli vennero subito le lacrime agli occhi.

Sibilò qualcosa a voce bassa, preso da un dolore talmente intenso che subito non capii un tubo. Dovetti farglielo ripetere altre due volte per afferrare la parola "ictus". Poi si piazzò in mezzo al marciapiede e attaccò con un racconto interminabile dei fatti che avevano preceduto l'evento: mal di testa durati una settimana, colesterolo alto, trigliceridi altissimi, acidi urici impazziti, diabete e altri mille problemi che non ricordo.

A un certo punto lo presi per un braccio e lo spinsi, sollecitandolo a proseguire il cammino. Ma lui era un fiume in piena, non cessava di parlare: uscì fuori un fratello della moglie, morto d'infarto due anni prima, che aveva gli identici valori lipidici, lo stesso tipo di diabete eccetera. Per evitare che si fermasse di nuovo lo presi sottobraccio e quasi lo strattonai per costringerlo ad avanzare. Ma quel discorso ormai più simile a un lamento sembrava non arrivare mai alla conclusione. Come non arrivava mai il portone d'ingresso di casa sua.

"Scusi, ma dove abita? Mi aveva detto duecento metri, ma camminiamo da un quarto d'ora!" gli dissi con una certa durezza.

Il signore si bloccò, poi si voltò indietro di scatto e si diede una manata sulla fronte: "Oddio, l'abbiamo superato! Mannaggia a me che quando parlo mi distraggo!"

E invertì la marcia, con me dietro, stravolto, dopo aver macinato a vuoto circa un chilometro di via di Villa Pamphili. Finalmente arrivammo al palazzo, e dalla portineria si levò un urlo: "Ma chi è? Er mitico Carlo Verdone?!"

"È lui, è lui!" replicò festoso il signore rivolto alla portiera: una tipa cicciona sui cinquanta, coi jeans attillati e una ridicola maglietta corta che lasciava scoperta la pancia.

Le feci subito cenno di stare zitta, per evitare di far sapere al palazzo intero della mia presenza, ma lei balzò fuori dalla guardiola, armata di uno smartphone.

"Patriziaaa, viè qua! Famme 'na foto cor signor Verdone!"

In tre secondi arrivò la figlia (stessa tipologia) che si mise a strillare: "Oddio, Carlo Verdone! Nun ce posso crede!"

"Daje, scatta la foto, fa' presto!" la incitò la donna, avvinghiandosi alla mia spalla, temendo che potessi scappare.

Dopo tre tentativi niente. La figlia non riusciva a scattare per la troppa emozione.

"Nun me scatta, 'sto stronzo de cellulare... Sto a tremà!"

Il signore si offrì di scattare lui. Esasperato, presi in mano io lo smartphone e feci svelto cinque selfie con tutti i presenti, compreso un bambino curioso che passava di là e manco mi conosceva.

Mentre portiera e figlia esultavano avvertii un vociare e qualcuno che scendeva le scale di corsa. Aprii al volo la porta del piccolo ascensore, scaraventando dentro il venditore della sanitaria. Con terrificante lentezza salimmo verso il piano: l'ultimo. Durante la salita, sette piani, venni a sapere la data di costruzione dell'edificio, la data in cui lui aveva acquistato l'appartamento con tanti sacrifici, la data del matrimonio, e data e ora esatta in cui la moglie aveva avuto l'ictus.

Finalmente varcammo la soglia di casa: un ambiente sobrio e dignitoso dove regnava un silenzio assoluto. Lui m'invitò a restare nell'ingresso e a non parlare, poiché voleva che fosse una sorpresa. Poi scomparve in un salottino da cui sentii giungere queste parole: "Tesoro, oggi c'è 'na sorpresona, lo sai? Indovina chi è venuto a salutarti? 'N attore bravissimo, che fa ride. Ed è pure romano. E chi po' esse? Famme sentì, chi po' esse? Dai che te viene..."

Avrei desiderato dileguarmi come un ladro, invece dentro di me scappò un "Sì vabbe', ciao core!" che potrei forse aver detto anche a mezza voce. Per cinque interminabili minuti quell'uomo provò con ostinazione a far parlare una persona che probabilmente non avrebbe potuto dire mezza parola. Alla fine basta, entrai spedito nel salottino, mi fabbricai una faccia piena di allegria ed esordii: "Dov'è la signora bella? Ecco Carlo che è venuto a salutarla!"

Davanti a me una signora anziana, magra, con la pelle raggrinzita, la bocca spalancata per la paresi e gli occhi vitrei puntati fissi verso il soffitto. Una visione che non poteva farmi in alcun modo continuare con quella esagerata finta vitalità. Prima guardai il marito, poi la badante proveniente dall'Est, grassoccia e coi capelli ossigenati un po' stinti. Calò un silenzio tombale. Volevo limitarmi a un semplice augurio di pronta guarigione, ma il marito fece, in tono esaltato: "Amore, che dici? Chiediamo ar signor Verdone se ce fa du' battute del film co' la Sora Lella? Il signore è 'n attore che fa ride... Te ricordi la Sora Lella in quer film con lui?"

Naturalmente nessuna risposta.

Da parte mia, sconcertato, cercai di tagliare corto: "Glielo dico con tutto il bene, penso che la signora voglia stare tranquilla. Poi veramente ho il lavoro che mi aspetta..."

"Le faccia almeno due battute, quando fa la voce strana," incalzò il signore, come se non avesse ascoltato nulla di quanto gli avevo detto.

"Non ricorda? Quando lei porta la *nona* in *machina* che litigate," s'intromise la badante, per ricordarmi addirittura la scena e le battute.

Con uno sforzo disumano assunsi l'aspetto di Mimmo e cominciai a recitare frettolosamente: "Ma come faccio a portà nonna a Roma che cià sempre er problema de quelle gambe? E allungaje le gambe, e ritiraje le gambe, e ristendije le gambe... Io gliele tajerei, quelle gambe!"

A ridere più di tutti fu la badante. Il marito apprezzò, ma si aspettava la scena delle calze elastiche, impossibile da rifare senza la Sora Lella. Stavo per scoppiare. Simulai l'arrivo di una telefonata in modalità vibrazione, risposi e feci intendere che gli sceneggiatori erano incazzati neri perché mi stavano aspettando da mezz'ora per lavorare. Salutai il marito, salutai la badante e accarezzai il viso della moglie, che rimase totalmente immobile.

"La ringrazio tanto, signor Verdone. Guardi che ha capito ogni cosa. Mentre recitava ha mosso appena una guancia. Che Dio la benedica," e il signore della sanitaria mi abbracciò.

"Auguri per la signora, abbia fiducia," mi congedai, e andai verso verso l'ascensore che, accidenti, non era al piano. Lo chiamai. Il signore mi seguì sul pianerottolo e riattaccò: "Ma non saranno tutte 'ste medicine che prende che la fanno come svanire? Le dico questo perché prima di prendere le statine..."

"Le statine non c'entrano un cazzo, mi creda... Dovete avere solo pazienza!" risposi, sfinito. L'ascensore arrivò, entrai e spinsi con forza il pulsante T: piano terra! Durante la discesa il mio unico pensiero era quello di riprendere la moto lasciata accanto al bar e correre a casa. Macché! Spalancai la porta e mi ritrovai di fronte un muro di sette condomini che – avvertiti dalla portiera – mi attendevano per un selfie di massa.

"A Verdoneee, ce la famo 'na bella foto?!"

//////////////////////////////////////////////
//////////////////////////////////////////////
//////////////////////////////////////////////
//////////////////////////////////////////////
//////////////////////////////////////////////
//////////////////////////////////////////////
//////////////////////////////////////////////
//////////////////////////////////////////////
//////////////////////////////////////////////
//////////////////////////////////////////////
//////////////////////////////////////////////
//////////////////////
/////////////////////          INCIDENTE
/////////////////////
/////////////////////
//////////////////////////////////////////////
//////////////////////////////////////////////
//////////////////////////////////////////////
//////////////////////////////////////////////
//////////////////////////////////////////////
//////////////////////////////////////////////
//////////////////////////////////////////////
//////////////////////////////////////////////
//////////////////////////////////////////////
//////////////////////////////////////////////
//////////////////////////////////////////////
//////////////////////////////////////////////
//////////////////////////////////////////////
//////////////////////////////////////////////
//////////////////////////////////////////////
//////////////////////////////////////////////
//////////////////////////////////////////////
//////////////////////////////////////////////

Con mio padre e la 1100 Fiat di un amico collezionista.

Per i suoi viaggi di lavoro mio padre utilizzava il treno, oppure l'aereo, e io adoravo andare ad accoglierlo al suo ritorno con mamma e Luca. Soprattutto all'aeroporto di Ciampino, che aveva una terrazza da dove potevo ammirare i vecchi Douglas DC-3 o i quadrimotori Lockheed Super Constellation. Davanti a quei velivoli mi chiedevo con curiosità e un pizzico di paura come facevano quelle enormi scatole di ferro con le ali a reggersi nel cielo. I quesiti svanivano nel momento in cui vedevo papà scendere dalla scaletta agitando festosamente il cappello verso di noi.

Per la nostra famiglia, andare a Bologna, a Siena o a Frosinone poteva equivalere a un viaggio in Australia: ogni spostamento avveniva esclusivamente con i mezzi pubblici. Tutti i miei compagni di classe avevano i papà con una macchina. Tranne Venturini e Belmesseri, che venivano accompagnati a scuola col motorino: i genitori avevano piccoli negozi di alimentari e non potevano permettersi alcuna utilitaria. Anche in casa Verdone la macchina non c'era ancora, ma tutti noi nutrivamo un'ardente speranza: che papà, giunto al sesto esame per la patente, venisse finalmente promosso. Bisogna dirlo: era il più autorevole rappresentante dell'umana negazione per la tecnologia.

Mia madre raccontava che esame dopo esame papà tornava sempre più umiliato dalla Motorizzazione: riusciva sempre a superare la teoria, ma nella pratica era una tragedia. Non era in grado di coordinarsi, e la sua prova su strada finiva per durare una manciata di minuti. Partiva in terza, al posto della seconda infilava la quarta, per la marcia indietro si dimenticava di spingere la frizione e grattava sonoramente, frenava di botto e non metteva le frecce. L'ultima volta, con l'esaminatore a bordo, aveva urtato il palo di una fermata d'autobus durante un parcheggio, spaccando il faro posteriore.

Ma una sera uno scampanellare gioioso annunciò il ritorno di mio padre, che aprì la porta gridando: "È fatta! È fatta! Il babbo ora è un pilota! Ho preso la patente!"

Mia madre corse ad abbracciarlo come in un film alla *Via col vento*. "Bravo Mario, bravo amore mio..." gli sussurrava orgogliosa.

"Quindi arriva la macchina!" esclamai, illuminato dalla gioia.

"Compra l'Alfa Romeo della polizia! Comprala, che è bellissima!" aggiunse mio fratello Luca.

"Un passo alla volta ragazzi, calma. La macchina va scelta bene e bisogna capire quanto costa," tagliò corto papà cercando di smorzare gli entusiasmi.

Quella sera comunque si festeggiò stappando una bottiglia di vino pregiato, accompagnato dal racconto epico di come papà fosse addirittura riuscito a compiere un sorpasso scalando di marcia e senza dimenticare di mettere la freccia.

Mio padre in quel tempo, stiamo parlando del 1959, ricopriva il prestigioso incarico di caporedattore della storica rivista *Bianco e Nero*, edita dal Centro sperimentale di cinematografia. Era talmente stimato da Luigi Chiarini, direttore del Centro, che quest'ultimo gli assegnò una macchina con autista per portarlo al lavoro e riaccompagnarlo a casa. L'autista si chiamava Beniamino e a noi figli stava decisamente molto simpatico. Era sulla cinquantina, di altezza media, e indossava un vestito blu con la camicia bianca e la cravatta. Aveva un ciuffo alla Elvis Presley, spalmato con una brillantina dall'odore che stordiva. Accendeva una sigaretta dietro l'altra e appena si metteva a guidare l'abitacolo s'impregnava di una puzza tremenda, un misto di fumo e brillantina Brylcreem o Linetti. Ma per farsi perdonare regalava sempre a noi fratelli un sacchettino di caramelle al miele.

Lo incontravamo ogni mattina quando veniva a prendere papà. Luca e io uscivamo per andare a scuola accompagnati da mamma e prima di incamminarci gli chiedevamo di farci al volo una sua imitazione di "quel Presley" (non sapevamo ancora chi fosse) perché era divertente. E lui, incrociando le gambe e fingendo di avere un microfono in mano, si esibiva per un pugno di secondi in uno scatenato rock'n'roll. Ridendo come matti, lo lasciavamo lì, appoggiato all'auto, con la sigaretta accesa, in attesa che papà scendesse. Era un mito. Mamma invece lo riteneva un po' cafone per il ciuffo, e furbacchione per il suo voler essere piacione e zelante a tutti i costi.

Dopo una ventina di giorni, durante la cena, papà annunciò solennemente: "Ragazzi, domani a mezzogiorno tutti giù sotto i portici, arriva la macchina del babbo!"

"Evviva, abbiamo una macchina!" esultammo Luca e io battendo le mani.

Mamma, che teneva in braccio la nostra sorellina Silvia, non sembrava così entusiasta, e si limitò a borbottare: "Accidenti, è arrivata prima del previsto..."

Luca e io attaccammo a chiedere, saltellando, di che colore era, se era come l'Alfa Romeo della polizia, se andava forte.

"Domani avrete la sorpresa," papà chiuse il discorso con orgoglio.

La cena proseguì nel silenzio. Era strano, perché mentre mio fratello e io eravamo in fibrillazione mamma taceva. Poi compresi il motivo: era terrorizzata che papà, negato per la guida com'era, si tuffasse nel traffico per andare fino al Centro sperimentale in via Tuscolana. Tant'è che lo convinse a tenere Beniamino come eventuale autista di riserva almeno per la prima settimana.

Alle dodici in punto del giorno dopo, tutta la famiglia era sotto il porticato, in spasmodica attesa della sua prima automobile che sarebbe stata consegnata da un addetto del concessionario. Tutti speravamo in un'Alfa dal colore fiammante: l'importante era che non fosse bianca. Nel giro di pochi minuti arrivò una luccicante macchina nera. Non era un'Alfa Romeo, ma una Fiat 1100/103, uscita proprio quell'anno. Restammo un attimo perplessi, poi decidemmo di farcela piacere, anche perché le ruote avevano delle fichissime fasce bianche. Tripudio, applausi, acclamazioni varie, e papà, al settimo cielo, che porge al conducente dell'autosalone una macchina fotografica per immortalare i Verdone felici intorno alla sospirata 1100. Seduti a tavola per il pranzo, tutte le domande mie e di Luca riguardavano ovviamente la nuova auto. Sempre le stesse, più o meno: se correva, se scattava come l'Alfa Romeo, com'era il suono del clacson, in quante persone ci si poteva andare e via dicendo. Alle tre del pomeriggio, mentre facevo i compiti, papà entra in camera mia e abbracciandomi mi dice: "Tra un'ora si va in macchina insieme, devo consegnare un articolo all'ANSA... Ci vieni?"

Caspita, sarebbe stata la mia prima volta su quella macchina. Feci un salto di gioia e corsi da mamma per dirle che papà voleva che lo accompagnassi in un posto.

"Mario, ma non vuoi fare un po' di pratica prima di portare Carlo in macchina?" osservò in tono assai preoccupato.

"Ma vado all'ANSA, in via della Dataria. È vicino, dai, in mezz'ora si va e si torna..." replicò lui, sicuro di sé.

Mamma non rispose e tornò in cucina. Era molto agitata.

Alle quattro precise eravamo nella 1100, pronti per partire. Era magnifica: ricordo ancora lo sterzo ampio e sottile, il cruscotto con i tondi quadranti contagiri e contachilometri e quell'odore caratteristico di pelle vera e di nuovo di zecca che nelle auto di oggi non si sente più. Il motore si avviò con un bel rombo, ma l'euforia venne presto annientata nel momento in cui papà cercò di inserire la retromarcia. Con furia sproporzionata tentava di abbassare la leva, e quando pensò di avercela fatta la macchina, invece di andare indietro, sobbalzò in avanti. Lui frenò di colpo, e subito andai a sbattere contro il cruscotto. Fortuna che ero riuscito a parare prontamente il colpo con le mani.

"Ma porco Giuda! Puttana Eva!" tuonò lui.

Quelle imprecazioni in dialetto senese sottolineavano una logica constatazione: mio padre era un uomo che mai avrebbe dovuto guidare nella vita. Al decimo tentativo la marcia indietro decise di inserirsi, e ancora mi domando come lui non abbia spaccato la leva del cambio. Non riusciva a tenere la traiettoria diritta: o si sbilanciava troppo da una parte o finiva contro il porticato. Sfiancato e agitato, mi ordinò di scendere dall'auto per indicargli, alla maniera di un posteggiatore, la posizione delle ruote imitando la rotazione dello sterzo. Quella manovra fu una tortura, e solo dopo un quarto d'ora riuscì ad allontanarsi dai portici. Salii di nuovo. Papà guidava concentratissimo, appiccicato al volante, con la schiena staccata dal sedile, tutto proteso verso il parabrezza. Andava pianissimo perché inseriva solo due marce: la prima e la seconda. Arrivammo a piazza

Venezia fradici di sudore. Se la prendeva con tutti, dicendo che gli venivano addosso, ma in realtà era lui a incollarsi agli altri. Proprio non riuscivo a godermi quella scarrozzata nella nuova 1100... Avevo paura.

Poi annunciò: "E ora si fa una scorciatoia dove non c'è traffico e si arriva prima!"

L'idea che stesse per imboccare via delle Tre Cannelle, una stradina semideserta, mi permise di riprendere fiato, anche se la carreggiata era stretta e a serpentina. Poi, per un motivo misterioso, si rivolse a me con un tono inquietante, tra il disteso e l'esaltato: "Gliela diamo un'accelerarina? Gliela diamo?"

Nel mentre non si accorse di una curva a gomito, e finimmo per schiantarci dritti contro un muro, demolendo mezza serranda di un negozio. L'ultima parola che sentii prima del botto fu "Porcaaa!"

Io me la cavai con un livido spaventoso, papà diede invece una capocciata violentissima che gli frantumò gli occhiali, procurandogli pure un taglio enorme sul naso. Era una maschera di sangue. Scoppiai a piangere per lo spavento e per mio padre che, non rendendosi conto dello stato in cui era ridotto, ripeteva in modo ossessivo: "È tutto sotto controllo, tutto sotto controllo... Stiamo calmi!"

Papà era forte in tutto o quasi. L'unica cosa che non sopportava, perché poteva causargli uno svenimento, era la vista del sangue: il peggiore di tutti i traumi. Infatti, come accorsero tutti i passanti e un signore gli tamponò il taglio con un fazzoletto, macchiandolo di sangue, mio padre perse i sensi e così com'era fu trascinato in un negozietto. Io, con gli occhi gonfi di lacrime, diedi il numero del telefono di casa a una signora, perché volevo la mamma... che dopo mezz'ora arrivò in taxi.

Era spiritata. "Carletto, Carletto!" urlò.

Piangendo a dirotto l'abbracciai forte forte, rasserenandomi. Poi mamma scoppiò a piangere nel vedere papà tramortito su una sedia, sporco di sangue e senza lenti, che ripeteva in continuazione, con voce da moribondo: "È un mistero... è un mistero. Non mi capacito perché non ho visto quella curva... Carletto, stai bene?"

"Io non mi capacito che ti abbiano dato la patente! Potevi ammazzarlo e ammazzarti... Maledetta macchina!" lo zittì con violenza inaudita mia madre.

Papà cessò quella litania, poi, per reazione allo spavento, cominciò a singhiozzare, e finalmente mia madre corse a consolarlo. Devo essere sincero, a costo di sembrare cinico, ma una volta superato lo shock mi misi a ridere. Ma così tanto che dovetti svignarmela dal negozio, mezzo acciaccato e con il mio bozzo sulla fronte, per non farmi beccare. Il motivo? Mio padre senza gli occhiali aveva delle borse sotto gli occhi talmente grosse che non sembrava lui. Aveva una faccia comicissima, un po' da pupazzone.

Con l'arrivo dei vigili e dell'autoambulanza fummo portati al pronto soccorso del Fatebenefratelli. La macchina restò parcheggiata in via delle Tre Cannelle per qualche giorno, con il parabrezza distrutto e il muso tristemente accartocciato. Come prevedibile finì dal carrozziere del concessionario, che presentò un conto raccapricciante.

Mia madre proibì a papà di guidare la macchina fino a quando non avesse trovato un istruttore privato per migliorare la sua guida, e impose il ritorno di Beniamino. Cosa che avvenne subito. Luca e io ci intristimmo, timorosi che la famiglia Verdone non avrebbe mai posseduto un mezzo proprio causa l'imbranataggine del padre. Per due mesi Beniamino svolse il suo lavoro egregiamente guidando la 1100 di papà, che nel frattempo prendeva lezioni supplementari, grazie alle quali migliorò notevolmente. Sentendosi più sicuro, propose a mamma di fare un giretto in auto per dimostrare i progressi e il grado di confidenza raggiunti con la guida. Per evitare il traffico scelsero di uscire la sera tardi. La 1100 era sotto i portici, nello spazio dove Beniamino la parcheggiava abitualmente. Come mamma entrò nell'abitacolo e papà si accinse a mettere in moto, calò improvvisamente un silenzio sinistro. (Naturalmente io non c'ero, e mio fratello nemmeno: la storia ci fu raccontata parecchio più in là.)

"Cos'è quello?" chiese lei sbigottita indicando una cosa sul tappetino vicino ai suoi piedi.

Non vedendo nulla, dato che era buio pesto, incautamente papà si chinò e afferrò con decisione quella cosa umida e gommosa.

"Ma che diavolo..." fece, imbarazzato.

Il gelo dello sconcerto riempì in un secondo la macchina dei coniugi Verdone.

Mamma accese la luce ed ebbe la certezza di ciò che prima aveva solo sospettato: papà aveva in mano un profilattico usato. E doveva essere per forza di Beniamino.

Evidentemente, essendo in possesso della seconda chiave di accensione, la notte il nostro autista se ne andava in giro caricando prostitute. Fu immediatamente licenziato e a noi figli non fu subito svelata la verità: eravamo troppo piccoli per capire. Ci dispiacque tanto: non ci avrebbe fatto più ridere con l'imitazione di "quel Presley" e non avremmo più sentito quell'odore curioso di brillantina. Tuttavia un pomeriggio Beniamino venne personalmente a restituire le chiavi dell'auto e a porgere una lettera di scuse ai miei. Prima che andasse via, Luca e io implorammo di salutarlo per l'ultima volta, e lui, contento, ci rifece, come se niente fosse, Elvis che cantava *Hound Dog* con le gambe dondolanti. Poi ci regalò due gomme americane e si congedò fischiando un rock'n'roll. Ci diede una carezza sulla testa, prese al volo un autobus e scomparve. Da quel giorno non lo rivedemmo più, neanche al Centro sperimentale quando andavamo a trovare papà.

All'inizio dell'anno dopo, il custode del palazzo ci consegnò alla porta un pacco voluminoso indirizzato al "Preg.mo Dott. Verdone Mario". Una volta rientrato dal lavoro, papà lo aprì con tutti noi intorno, pieni di curiosità. Era un quadro, accompagnato da un biglietto che diceva: "In ricordo del tuo incidente, il fratellino ha avuto una visione che ti regala. L'ho chiamato *Incidente*. Con affetto, Piero."

Era Piero Sadun, grande pittore astrattista degli anni sessanta. Era senese come mio padre ed è stato il suo migliore amico.

»» «« »» «« »» «« »» «« »» «« »» «« »» «« »» «« »» «« »» «« »» «« »»
«« »» «« »» «« »» «« »» «« »» «« »» «« »» «« »» «« »» «« »» «« »» ««
»» «« »» «« »» «« »» «« »» «« »» «« »» «« »» «« »» «« »» «« »» «« »»
«« »» «« »» «« »» «« »» «« »» «« »» «« »» «« »» «« »» «« »» «« »» ««
»» «« »» «« »» «« »» «« »» «« »» «« »» «« »» «« »» «« »» «« »» «« »»
«« »» «« »» «« »» «« »» «« »» «« »» «« »» «« »» «« »» «« »» «« »» ««
»» «« »» «« »» «« »» «« »» «« »» «« »» «« »» «« »» «« »» «« »» «« »»
«« »» «« »» «« »» «« »» «« »» «« »» «« »» «« »» «« »» «« »» «« »» ««
»» «« »» «« »» «« »» «« »» «« »» «« »» «« »» «« »» «« »» «« »» «« »»
«« »» «« »» «« »» «« »» «« »» «« »» «« »» «« »» «« »» «« »» «« »» ««
»» «« »» «« »» «« »» «« »» «« »» «« »» «« »» «« »» «« »» «« »» «« »»
«« »» «« »» «« »» «« »» «« »»

»» «« »» «« »» «« »» «« »» ««
«« »» «« »» «« »» «« »» «« »»          **MAGNANIMITÀ**
»» «« »» «« »» «« »» «« »» ««

«« »» «« »» «« »» «« »» «« »» «« »» «« »» «« »» «« »» «« »» «« »» ««
»» «« »» «« »» «« »» «« »» «« »» «« »» «« »» «« »» «« »» «« »» «« »»
«« »» «« »» «« »» «« »» «« »» «« »» «« »» «« »» «« »» «« »» «« »» ««
»» «« »» «« »» «« »» «« »» «« »» «« »» «« »» «« »» «« »» «« »» «« »»
«« »» «« »» «« »» «« »» «« »» «« »» «« »» «« »» «« »» «« »» «« »» ««
»» «« »» «« »» «« »» «« »» «« »» «« »» «« »» «« »» «« »» «« »» «« »»
«« »» «« »» «« »» «« »» «« »» «« »» «« »» «« »» «« »» «« »» «« »» ««
»» «« »» «« »» «« »» «« »» «« »» «« »» «« »» «« »» «« »» «« »» «« »»
«« »» «« »» «« »» «« »» «« »» «« »» «« »» «« »» «« »» «« »» «« »» ««
»» «« »» «« »» «« »» «« »» «« »» «« »» «« »» «« »» «« »» «« »» «« »»
«« »» «« »» «« »» «« »» «« »» «« »» «« »» «« »» «« »» «« »» «« »» ««
»» «« »» «« »» «« »» «« »» «« »» «« »» «« »» «« »» «« »» «« »» «« »»
«« »» «« »» «« »» «« »» «« »» «« »» «« »» «« »» «« »» «« »» «« »» ««
»» «« »» «« »» «« »» «« »» «« »» «« »» «« »» «« »» «« »» «« »» «« »»
«« »» «« »» «« »» «« »» «« »» «« »» «« »» «« »» «« »» «« »» «« »» ««
»» «« »» «« »» «« »» «« »» «« »» «« »» «« »» «« »» «« »» «« »» «« »»

Un tramonto dalla nostra casa in Sabina.

Un foglio piegato in due, apparso chissà per quale strano motivo. Lo apro: la grafia è quella di mio padre. È un pensiero scritto al volo, d'urgenza, ma probabilmente meditato a lungo. La data riportata è 24 settembre 1991, il titolo è *Magnanimità*. Sembra una riflessione senechiana su una dote che in pochi possiedono. È un mistero, questo scritto, perché non è stato mai pubblicato e soprattutto perché non riesco a spiegarmi come sia finito nello scatolone. Nei mesi di luglio e settembre papà si rifugiava nella casa di campagna in Sabina. Era per lui il luogo ideale dove scrivere, leggere, riflettere. Quando si faceva l'ora del tramonto si accomodava sulla sdraio sul balcone e contemplava i colori del sole che calava adagio. Rimaneva lì per più di un'ora a seguire uno spettacolo divenuto per i suoi occhi e per il suo spirito un piacere assoluto. Sono sicuro che è durante uno di quei momenti che ha maturato queste righe, dalle quali emerge tutta la sua bontà d'animo, tutta la sua propensione per la concordia e il perdono. Siccome è annotato anche un orario, penso che la mattina dopo abbia deciso di dare un valore a tutti i suoi ragionamenti stilando una sua personale interpretazione della magnanimità. Quelle parole mi hanno colpito, e spero regalino un'occasione di raccoglimento anche a voi.

## Magnanimità

La vera nobiltà dell'uomo è nella magnanimità.

La magnanimità è anche espressione dell'intelligenza.

Intelligenza sulle cose, intelligenza del mondo, valutazione dell'esistente e del possibile.

L'uomo meschino nell'animo è l'opposto del magnanimo.

Il meschino per natura non intelligit. È per questo che non distingue il bene dal male, che si qualifica come inferiore, non nobile, che si *mette* quasi inconsapevolmente ai margini.

Se vuole imporsi non ne ha i mezzi intellettuali.

Subisce umiliazioni rodendosi dentro, col proposito di rifarsi, anche se ha torto.

La natura non lo ha favorito.

L'errore lo incattivisce.

Soltanto nella resa può correggersi. Forse potrà ricominciare.

L'illuminazione deve essere possibile per tutti.

La magnanimità è un'intelligenza a trecentosessanta gradi.

Capire tutto, e per conseguenza giustificare, tollerare fino al limite, nella speranza di attutire, di accordare, di scongiurare, di mettere degli argini, di migliorare.

Il volto della magnanimità e della generosità non è sempre lo stesso. La generosità sovente non corrisponde alla magnanimità.

La magnanimità esclude la rivalsa, la vendetta. Riconosce l'errore. Ammette la sconfitta. Ha coscienza che dal male che patisce può nascere un bene. Però deve estirpare di giorno in giorno le erbacce del suo giardino. Non può vivere di rendita.

Non è vile o imbelle. Tutto ciò che fa è per avvicinarsi al miglioramento della condizione umana, la sua stessa e quella degli altri. Mira al futuro.

Se c'è un'estetica dei sentimenti, la magnanimità è fatta di bellezza.

Vorrei che ogni umano potesse dire al proprio simile: "Tu sei magnanimo."

24/9/91, ore 9-9.15          Mario Verdone

# ALLA RICERCA
# DI NONNO ORESTE

Un giovane nonno Oreste.

Nonno Oreste era il padre di mio padre Mario. Lui non lo conobbe mai, ma nonno Oreste vide lui appena nato. Era l'estate del 1917, in piena guerra. Mio nonno fu ferito sul fronte del Carso e fu trasportato all'ospedale di Alessandria per le ferite subite. Sua moglie, Assunta Casini, senese, lo raggiunse di corsa. Era incinta di mio papà ed era molto vicina al parto. Il dolore nel vederlo ferito fu tale che le si ruppero le acque e partorì nello stesso ospedale, il 27 luglio 1917. Nonno Oreste a metà agosto fu ritenuto idoneo a ritornare al fronte. Una lettera dalla trincea, sbiadita, scritta a matita, ritrovata da poco sistemando lo scantinato della casa di Siena, riporta questa frase: "Cara Assunta, accada quel che accada ti scongiuro di far studiare Mario. Che prosegua i suoi studi fino all'università. Costi quel che costi."

Quando morì Oreste aveva appena ventiquattro anni. Era un chimico e mia nonna era convinta che fosse nato a Napoli. Era altissimo, circa un metro e novantatré, con gli occhi celesti e gli occhiali. A quell'epoca non esistevano tante persone di quella statura, ed era curioso che invece Assunta fosse così piccolina, appena un metro e cinquantadue. Si erano incontrati a Siena, dove la brigata del nonno sostò per un po' di tempo prima di raggiungere il Carso. Assunta, la sorella Maria e il fratello

Giovanni erano assai poveri. Le due donne guadagnavano pochi soldi rammendando paramenti sacri, stoffe per altari, tovaglie e tende per conventi di suore. Giovanni era un ferroviere addetto all'aggancio dei vagoni. Dopo che Oreste non fece ritorno dalla guerra gli sforzi che dovettero fare per Mario, per farlo studiare, furono tremendi. E la salute non li aiutava, perché ogni tanto in tutti e tre si affacciavano momenti di amnesia e allucinazioni. Tutto durava poco ma evidentemente era una patologia ereditaria, all'epoca non curabile, che creava molti problemi a un bambino sano e intelligente come pochi. Fatto sta che fecero tutto quello che potevano per tirare su papà nel migliore dei modi. E mio padre mostrò presto una maturità ammirevole. Strinse amicizia con i più significativi artisti e intellettuali senesi e fiorentini e fu così diligente che il suo docente di laurea, il filosofo e politologo Norberto Bobbio, lo volle come suo assistente universitario. Insomma, mio padre si fece da solo. La nonna mi raccontava che leggeva sempre. Cinema, letteratura, filosofia, arti figurative, voleva conoscere tutto. Si stupiva per il bello.

A metà degli anni sessanta nostro padre, approfittando di un convegno a Napoli sul cinema, avvertì l'intera famiglia che avrebbe preso sette giorni in più di permesso dal lavoro di docente per poter indagare sulle origini del padre Oreste, del quale sapeva assai poco. Non sopportava di non essere a conoscenza delle origini dei Verdone. Le indicazioni di mamma Assunta erano vaghe e imprecise, e le sue amnesie continue avevano creato una terribile confusione nella testa di papà. Lui voleva sapere da dove proveniva e se esisteva ancora qualcuno che potesse parlargli del suo papà. Aveva fatto indagini al ministero della difesa, all'Opera nazionale maternità e infanzia, negli archivi storici dei Mutilati di guerra e trovato qualche lettera di nonno Oreste dal fronte. Molte di queste informazioni erano totalmente sbagliate, ma lui non lo sapeva. Come non sapeva che nella cantina di via di Vallepiatta 22 a Siena era nascosta in un baule fradicio l'intera verità, nel carteggio assiduo tra i suoi genitori: un tesoro della cui esistenza mamma Assunta non si ricordava più. Ci salutò e partì in macchina. Mia madre aveva seri dubbi che potesse risalire alla verità. Ma lo rispettò. Restammo intesi che ci avrebbe chiamato ogni sera.

Giunse a Napoli, convinto che in una certa strada (non ricordo il nome) avrebbe potuto ottenere qualche indizio. Era una via in periferia, e si era segnato ben cinque numeri civici da esplorare. I portieri furono tutti gentili e premurosi, ma nessuno ricordava il cognome Verdone da quelle parti. L'ultimo portinaio, dopo essersi fatto raccontare l'intera storia, se ne uscì con un meraviglioso: "Ma la vostra vita è stata 'nu romanzo..." Intanto si era avvicinato uno spazzino, che aveva seguito con attenzione l'ultima parte del racconto di mio padre, e improvvisamente disse: "Dottore, ma io conosco un'intera famiglia Verdone!" "Dove?" lo incalzò papà. "A Caserta. Caserta è piena di Verdone." Lo scopino si fece dare un elenco del telefono e mostrò a papà i cinque o sei Verdone che abitavano lì. "Verdone è un cognome casertano, dottore. A Napoli non trovate nisciuno." Papà si segnò nomi e indirizzi e stabilì che il giorno dopo si sarebbe spostato a Caserta.

A Caserta, oltre a tamponare subito un autocarro per ovvia distrazione, cominciò la via crucis dei vari Verdone. Allora: due erano morti. E gli altri tre erano di origini lucane, trasferitisi poi a Caserta. Ma uno di questi gli segnalò un Verdone la cui famiglia aveva una piccola industria di catrame stradale nei pressi di Nola. "È fatta! Ci siamo!" urlò raggiante papà: la famiglia di Oreste Verdone lavorava sostanze chimiche per il catrame stradale, era una delle poche notizie certe che possedeva. Papà andò in questa frazione a pochi chilometri da Nola (purtroppo non ricordo il nome), quasi certo di essere ormai vicino alla soluzione del mistero delle sue origini. Queste le sue parole, che ancora ricordo: "Entrai in un luogo che sembrava la terra di nessuno. Cinque abitazioni piuttosto lontane fra loro che sembravano non terminate e non davano l'idea di nessun agglomerato urbano. Strade sterrate, capannoni, sfasciacarrozze, nessuna chiesa, nessuna farmacia. Solo un bar con annessa una misera trattoria. Chiesi al barista se conoscesse qualcuno col cognome Verdone. Rispose bruscamente in un dialetto di cui non capii nulla. Entrai nella trattoria e il proprietario, dopo avermi ascoltato, mi disse: 'Seguitemi.'" E lo portò da un operaio che stava con altri tre a riparare un tubo che perdeva sotto l'asfalto. Alla domanda di papà, se conosceva in quel luogo una famiglia Verdone, o qualcuno con quel cognome, l'operaio rispose che c'era un Nardone, non un Verdone. E che faceva l'elettricista. Lo mandò a chiamare. E quello disse che Verdone poteva essere, ma non era sicuro, un carabiniere ferito due anni prima durante una sparatoria a Pomigliano. Lui conosceva il padre, che era morto. Mentre l'elettricista faceva l'elenco delle tragedie dei presunti Verdone, mio padre si scusò, si congedò, riprese la macchina e ripartì verso Roma, demoralizzato.

Una volta tornato a casa ci disse: "Mi sono veramente sentito un cretino." Lo consolammo, anche se ci veniva un po' da ridere. Mamma lo rimproverò perché trovava assurdo un viaggio alla cieca a partire da pochissime, vaghe informazioni. Mio padre si era totalmente rassegnato, e l'unica cosa che gli sembrò giusto fare fu prendere una piccola fotografia del padre in divisa e metterla in una bella cornice sul suo comodino della stanza da letto della casa in campagna. Ogni due giorni mamma cambiava i fiori nel vasetto accanto alla cornice.

202

Dopo qualche mese arrivò a casa una lettera dal ministero della difesa. Era stata spedita da un custode degli archivi. Allegato un foglio con scritto: *Oreste Verdone, nato a Napoli, 42° Reggimento fanteria. Decesso: Monte S. Michele 12/09/1917.* Papà era finalmente contento: con sollievo ci disse a pranzo che il custode aveva trovato delle notizie fondamentali su nonno Oreste. "Almeno riesco a sapere qualcosa su quest'uomo." Era molto commosso, e noi eravamo felici per lui, per la fatica che ci aveva messo, da bravo figlio. Mamma pensò che sarebbe stato giusto fare un regalo a quell'impiegato. E papà decise addirittura di donargli un libro illustrato dal famoso Beltrame, della *Domenica del Corriere*, sugli episodi salienti della prima guerra mondiale. Era un libro raro, e francamente ci sembrò una follia consegnarlo a un simpatico, laborioso romanaccio che quando lo conoscemmo disse: "L'ho fatto con piacere, dotto'. Perché la morte d'un padre so' sempre cazzi." Ma papà era molto riconoscente. Era un uomo generoso. Troppo.

Qualche mese dopo andò in Friuli per una rassegna sul cinema muto. E da lì approfittò per andare sul monte San Michele a dire una preghiera in una delle tante trincee ancora ben visibili. Cercò una tomba, un indizio, ma non trovò nulla. Per papà la storia fu questa e rimase tale fino alla sua morte.

Ma il colpo di scena era in agguato. Un giorno scopro un sito internet straordinario. Fatto con amore estremo da chi ha voluto ricordare, con dettagli incredibili, la prima guerra mondiale. Prezioso e accuratissimo, si chiama Fronte del Piave. Riporta tutto: date, battaglie, azioni militari, nomi di combattenti feriti e deceduti. Luoghi di nascita dei soldati di tutte le brigate e bollettini giornalieri di guerra. Un archivio storico imponente. Scrivo Oreste Verdone e appare: *47° Brigata Ferrara. Oreste Verdone, nato a Pozzuoli, deceduto per colpo di mortaio il*

*15/09/1917. Luogo: Monte S. Gabriele.* In una pagina i dettagli di quella maledetta giornata. Credo sia stato l'unico morto in quella trincea. Resto colpito. Anche perché intanto riaffiorava dalla cantina di Siena altro materiale cartaceo riposto dalla nonna. E tutto coincideva in ogni particolare con ciò che il nonno scriveva dalla sua trincea. Sinceramente pensai anche al custode che aveva avuto in regalo il libro di Beltrame per averci dato notizie così imprecise.

Nel 2015 fui invitato a Gorizia per ricevere il Premio Amidei, dedicato al grande sceneggiatore triestino, e così pensai che sarebbe stato interessante approfondire negli archivi di questa città piena di grazia le informazioni che avevo ricavato dal sito Fronte del Piave. Fra l'altro ci sarebbero state delle cerimonie per il centenario della guerra. Chiesi a mio figlio Paolo di accompagnarmi, visto che la sua tesi di laurea aveva appunto riguardato la prima guerra mondiale nella letteratura pacifista dell'epoca. A Gorizia avemmo la conferma che tutto quello che riportava il sito era esatto. Ringraziammo la Guardia di finanza che ci aveva aiutato nell'indagine e una mattina ci concedemmo una visita alla stazione ferroviaria: da lì avremmo visto il vicino monte San Gabriele, luogo di una delle battaglie più devastanti del conflitto. Mentre da piazza Europa andiamo verso la stazione notiamo una targa di metallo circolare sull'asfalto. Ci avverte che stiamo entrando in territorio sloveno. E in effetti la stazione aveva il nome di Nova Gorica, diventata slovena dopo la seconda guerra mondiale. Quel luogo era stato praticamente di tutti: prima dell'impero austroungarico, poi italiano, poi tedesco e infine sloveno. Quando entrammo avemmo la sensazione di essere sospesi fuori dal tempo. La ricostruzione era perfetta, con elementi originali del primo Novecento. Un edificio elegante, con arredi di legno, panche, un lungo corridoio su cui si affacciavano le porte di uffici ben tenuti. Restammo diversi minuti a contemplare la stazione, a cui il totale silenzio dava un tono di assoluta sacralità e rispetto. Quello che era stato un luogo di tragedia immane, con il passaggio di morti, feriti, mutilati provenienti dal San Gabriele e dal San Michele, emanava ora un senso di pace e serenità. Quasi a voler cancellare le grida, il sangue, i pianti dei soldati, e di tutti coloro che anni dopo partirono da lì per i campi di concentramento nazisti. Quella stazione aveva visto di tutto, quarantacinque anni di storia triste e violenta. Ora tutto era immerso in un clima che imponeva un raccoglimento sereno. Percepivi tante anime vagare intorno a te, anime alle quali veniva spontaneo chiedere perdono.

Usciti sulla banchina, vedemmo davanti a noi il monte San Gabriele. Un monte anonimo, nudo, quasi insignificante. Importante solo per la sua posizione strategica. E lassù ancora le trincee dove mio nonno Oreste fu colpito da un mortaio. Dove tanti lasciarono la vita nel peggiore dei modi.

Io e Paolo non riuscimmo a dirci nulla. E ancora muti restammo quando ci spostammo al grande Sacrario di Redipuglia. Un'immensa scalinata di ventidue gradoni dove sono allineate le tombe dei caduti. Più di centomila morti. Volevamo scattare una foto, ma nessuno dei due lo fece. Quel luogo richiedeva un rispetto austero.

Perché ho voluto raccontare questa storia? Perché sono riuscito a portare a compimento un desiderio al quale mio padre teneva più di ogni altra cosa. E spero, lo spero tanto, che papà veda che oggi il nonno Oreste, pur non avendo una tomba, ha una medaglia, un ricordo che il comune di Gorizia ha voluto offrire nelle celebrazioni del centenario della guerra. La medaglia è sul cassettone della mia camera da letto. E resterà sempre lì.

NELLA SALA
DI PROIEZIONE
DEL TEMPO

Sono grato a quello scatolone che precipitando a terra ha sparso sul pavimento ricordi che stavano svanendo nell'oblio. Pensavo di aver raccontato molto, se non quasi tutto, negli altri due libri che ho scritto prima di questo. Non immaginavo che ci fossero ancora indizi capaci di risvegliare quella sensazione di un'ultima carezza nell'anima, una carezza data da avvenimenti, storie, emozioni che hanno riportato in vita tempi lontani, volti sbiaditi, riflessioni profonde, momenti assurdi, comici ma anche struggenti. Stava tutto scomparendo. Ma quella grande scatola con i suoi strati di pagine, biglietti, fotografie è tornata a dar vita a tempi e luoghi trascinati via dalla tirannia del tempo. Io vivo di ricordi, perché sono l'unica prova che ho vissuto e che non sono solo esistito. Ogni ricordo è legato a un colore, il colore della stagione in cui una vicenda è avvenuta. Oppure a una musica, a un brano che ne è stato la colonna sonora. Il ricordo è sempre un conforto, una certezza, l'illusione di una vita che continua, fatta di momenti in cui la quiete della memoria riesce ad ammorbidire anche quello che non vorresti ricordare, purificandolo dal dolore. Nessuno te lo può rubare, non può essere inquinato o manipolato. È il tuo film più vero, più autentico. Il film della tua vita, senza recensioni, senza dibattiti, senza il timore del giudizio. Appartiene solo a te, unico spettatore e protagonista nella sala di proiezione del tempo.

E mi viene incontro una riflessione di Gabriel García Márquez: "La vita non è quella che si è vissuta, ma quella che si ricorda e come la si ricorda per raccontarla."

Ottobre 2020

25 DICEMBRE 2020
ORE 23.00

Io nell'interpretazione teatrale di una cantante lirica.

È la notte di Natale di questo anno sciagurato e sono solo in casa. Sdraiato sul divano, fisso l'abete e le sue lucine che si accendono e spengono in tanti colori. Mi sembra quasi mortificato, a illuminarsi per una sola persona che lo guarda ipnotizzata. Non ho voglia di far nulla. Né di leggere né di guardare la televisione né di suonare qualche accordo sulla mia chitarra. Mi alzo di scatto e salgo sul terrazzo. L'unica soddisfazione è sentire che le gambe sono tornate come prima, forse anche più forti e sicure. L'operazione alle mie anche martoriate, dopo anni e anni di sofferenza, non è stata una passeggiata. Mi affaccio alla balaustra e mi sembra di replicare le sensazioni del capitolo che apre questo libro. Il coprifuoco continua imperterrito. Silenzio, solo profondo silenzio. Stavolta neppure gli uccelli notturni offrono rassicuranti cenni di vita. Roma è sempre lì davanti a me e sa che nessuno la sta guardando. Sembra una banale, piatta cartolina notturna. Non mi viene da fare alcuna considerazione, guardo annoiato l'orizzonte, poi mi accendo l'ultima sigaretta con la speranza che quella monotonia mi spinga presto verso il letto. Prima di andare mi pongo una domanda, quasi a cercare una reazione a quell'oscurità senza quiete: qual è stata la notte più emozionante che io ricordi? A poco a poco affiorano le memorie più varie, legate ad amici, viaggi, fidanzate, famiglia. Tante immagini che cerco di ricomporre in un vastissimo arco temporale. Sforzo inutile, perché sono tutte prive di quell'elemento che farebbe la differenza: lo stupore.

Niente da fare. Non riesco a ricordare nulla.

Scocciato anche da questo giochetto nato per sfuggire alla solitudine del Natale, scendo la scala e mi butto sul letto. Ma la domanda di prima è martellante, e torno a pensarci. Ed ecco che all'improvviso mi appare un'immagine. Risale al 1981. Un'immagine indimenticabile, legata al mio lavoro e a una città: Siena.

Nel 1979, dopo il successo ottenuto in televisione con il varietà *Non stop*, fui chiamato da Sergio Leone, che aveva manifestato il suo interesse a produrre il mio film d'esordio *Un sacco bello*, al quale seguì *Bianco, rosso e Verdone*. Contemporaneamente il grande attore Romolo Valli, all'epoca direttore artistico del Teatro Eliseo, mi propose due mesi al Piccolo Eliseo con un testo scritto e diretto da me. Per i dettagli mi avrebbe fatto chiamare da Giuseppe Patroni Griffi, che dirigeva la programmazione. Ero molto lusingato, ovvio, solo che mi sembrava assurdo scrivere il primo film insieme a un testo teatrale con i miei personaggi. Come avrei trovato il tempo? E poi sentivo di non possedere la mentalità dell'attore di teatro, non mi divertivo a fare tutte le sere la stessa cosa. Presi tempo, cercai di declinare, ma alla fine sia Valli che Patroni Griffi furono abilissimi a convincermi.

Maledissi quella debolezza più volte perché in una settimana cinque giorni erano dedicati alla sceneggiatura di *Un sacco bello* e gli altri due al testo teatrale, intitolato *Senti chi parla*. Entrambi avrebbero affrontato il mondo nel gennaio del 1980: uno stress terribile per un giovanissimo attore alle prime armi. Francamente non so chi mi diede la forza, ma riuscii a finire i copioni quasi allo stesso tempo, senza rendermi conto che stavo preparando il mio esaurimento nervoso, perché *Senti chi parla* prevedeva che recitassi diciotto personaggi, con tanto di cambi d'abito e trucco velocissimi. Era la storia di una premiazione di terza categoria: Diana Dei interpretava la vedova di un letterato alla cui memoria era intitolato il Seneca d'Oro, assegnato a personaggi importanti dello spettacolo e della cultura che ovviamente non si presentavano e inviavano un telegramma di scuse. E lei pur di salvare la cerimonia era costretta a sostituirli con delle mezze tacche, interpretate tutte da me. Era un mosaico esilarante di una società mitomane, megalomane e miserabile.

Il Piccolo Eliseo in soli due giorni esaurì le prenotazioni per i due mesi di cartellone. Affrontai il debutto in un teatro importante con molta ansia, perché mi ero reso conto di essere stato imprudente a scrivere un testo per ben diciotto interpretazioni. Già terminavo le prove totalmente sfinito, con la voce che tendeva alla raucedine tanto la camuffavo e la sforzavo per distribuirla tra tutti quei personaggi. Andò più che bene, mai una poltrona vuota, posti finiti in poche ore, sedie aggiunte su sedie aggiunte: un *sold out* continuo. Dopo una settimana iniziai ad avere problemi d'insonnia, dovuti alla troppa adrenalina che accumulavo alla fine di ogni replica. Tornavo a casa e non mi addormentavo prima delle cinque, a dispetto della gran quantità di ansiolitici che prendevo. Il teatro cominciava già a pesare, nonostante ogni sera ci fosse tanta gente ad applaudirmi. Ad aumentare l'eccitazione i grandi nomi che venivano a complimentarsi: Vittorio Caprioli, Franca Valeri, Sarah Ferrati, Franco Zeffirelli, Rossella Falk, Gigi Proietti, Ugo Tognazzi, Sergio Leone, Paolo Grassi, direttore del Piccolo di Milano, per dirne alcuni. Accorsero tutti, dalla gente di spettacolo a quella della politica, e io mi sentivo frastornato. Sul palcoscenico misteriosamente mi trasformavo: sicuro, lucido nelle improvvisazioni, potente, mai timoroso. L'esatto contrario del Carlo privato, sempre pieno di dubbi, fragile e timido.

Le date dello spettacolo furono prolungate per le numerose richieste, eppure io non vedevo l'ora di finire. Ero stremato e insofferente all'idea di recitare ogni sera la stessa cosa. Cercavo anche d'improvvisare, era un modo di trovare lo slancio per andare avanti, ma ormai stava diventando una routine insopportabile. Il pubblico si divertiva tanto, io davo tutto me stesso ma dentro ero triste. Ogni serata era la scalata di una montagna. Non mi sentivo un vero attore di teatro, ed era un bel guaio. All'ultima replica diedi il massimo: volevo lasciare ai miei spettatori un bel ricordo. E così fu, anche se la voce non era più la stessa, rovinata dagli sforzi ininterrotti di quei mesi. Ricordo che l'ultimo personaggio lo recitai quasi afono, e mi disperai, perché volevo regalare lo spettacolo perfetto. Invece caddi proprio sulla linea del traguardo. Avevo un'infiammazione alle corde vocali così forte che sputai sangue nel lavandino del camerino. Per tornare alla normalità non parlai per due settimane, e giurai pure che avrei smesso di fumare. Un giuramento a cui tenni fede per meno di venti giorni, purtroppo.

Nei giorni che seguirono ero finalmente disteso, leggero, felice. Sostenuto e rinfrancato dal successo incredibile di *Un sacco bello*, mi sentivo più sicuro come attore e come uomo. E pensavo che se mi fossi amministrato bene forse ce l'avrei fatta a conquistarmi un posto di riguardo nel mondo dello spettacolo. Sentivo che la mia strada era il cinema, la direzione degli attori, i tempi più dilatati della messinscena, la lenta preparazione, l'amore che avevo per l'inquadratura. Ma mentre mi accingevo a scrivere *Bianco, rosso e Verdone* mi arrivò la telefonata del mio agente, Guidarino Guidi: "Carlino, dobbiamo dare la data per la ripresa dello spettacolo al Piccolo Eliseo... ricordi? È fissata per i primi mesi del 1981," mi disse, come se nulla fosse.

Mi prese un colpo. Scoppiò una lite furibonda tra me e Guidi, perché a quanto ne sapevo il contratto prevedeva solo le repliche del 1980. Corsi all'Eliseo a vedere cosa avevo firmato, e con mio grande disappunto constatai che in modo maramaldesco era stata inserita anche la stagione 1981, proprio in una delle ultime pagine, con scarso rilievo. Era stata aggiunta dopo? O ero stato io a leggere quelle carte con troppa superficialità? Furbi quelli dell'Eliseo o furbo il mio agente? Fatto sta che quell'episodio mise in crisi i rapporti tra me e Guidi. Morale della favola: dovevo riprendere comunque lo spettacolo perché su quelle pagine c'era la mia firma. Si decise di debuttare per la fine di febbraio. Ma prima, su preghiera di Patroni Griffi, avrei dovuto recitare quattordici giorni al Niccolini di Firenze. Un incantevole teatro da più di cinquecento posti, voluto e fondato poco dopo la metà del Seicento da un gruppo di illuminati aristocratici, che in origine si chiamava Teatro del Cocomero. Accettai, anche perché mio padre quando lo seppe ne fu molto orgoglioso: lo frequentava spesso quando da Siena andava a Firenze a consegnare i suoi articoli per il quotidiano *La Nazione*.

"Carlo, però un rodaggio lo si deve fare prima di riprendere uno spettacolo," mi disse Giuseppe Patroni Griffi, sdraiato sul divano di casa sua, tutto vestito di bianco, i piedi nudi, una sigaretta tra le dita.

"Dammi un paio di mattine all'Eliseo," dissi io.

E lui: "Ma no... Se vai in trasferta a Firenze fai un paio di prove generali in Toscana. Dammi retta, così avrai un pubblico non romano, più difficile. Ti serve, Carlo."

"E dove potrei andare secondo te?"

Dopo una lunga boccata mi rispose, col suo tono apparentemente annoiato: "O ad Arezzo o a Siena, dove tra l'altro ce l'hanno richiesto."

Non ci pensai due volte e scelsi Siena, la città di papà. La città che ho sempre avuto nel cuore, insieme a Roma. Quando lo dissi a mio padre quasi si commosse per la gioia. Il Teatro dei Rinnovati, nella splendida piazza del Campo, era legato a tanti suoi ricordi passati e presenti. Insomma, aprire a Siena era un valido motivo per accettare un impegno gravoso che onestamente non mi aspettavo. Ma visto che ero in gioco dovevo portare a termine nel migliore dei modi quei mesi molto faticosi. Magari improvvisando ogni sera qualcosa per rendere meno monotono a me stesso quel copione che più complicato non avrei potuto scrivere. Mentre gli altri due attori, Diana Dei e Pierluigi Ferrari, alloggiavano in un albergo del centro, io scelsi di andare a casa nostra, la casa che abbiamo ancora oggi, vicino al Battistero di San Giovanni, nella contrada della Selva. La contrada che era orgoglio e amore eterno di papà. All'epoca era una casa dall'arredamento semplice, che la legava agli anni cinquanta. Nella sua oscurità si respirava tutta la storia della famiglia di mio padre: la mamma Assunta, lo zio Giovanni, la zia Maria e un papà mai conosciuto, morto in guerra a soli ventiquattro anni.

Il 23 gennaio facemmo una prova molto rapida: le posizioni sul palco, il cambio svelto dei miei costumi, un veloce ripasso delle battute e degli interminabili monologhi. Il giorno dopo ci sarebbe stata la prima delle due rappresentazioni. Il direttore del teatro mi disse che avrei potuto riempire due settimane intere, tanta era la gente che non aveva trovato posto. Fui molto sorpreso nel constatare che anche fuori Roma destavo interesse. Era la prima volta che mettevo piede, da regista e attore, in un'altra regione e in un teatro così prestigioso. Mi arrivò la notizia che la platea sarebbe stata piena di artisti che papà conosceva bene: pittori, scultori, scrittori. Tutti di Siena. Mi assalì un certo timore quando il direttore mi disse: "Ho molta fiducia in lei, qui il pubblico è assai esigente e severo. E non si aspetti le risate fragorose di Roma, perché qui la gente si diverte in modo più contenuto."

"Annamo bene..." pensai. Il nervosismo cominciava a montare.

Quella notte dormii malissimo, anche perché le strade strette del centro di Siena fanno da cassa di risonanza alle voci dei passanti, spesso ragazzi che tornano a casa alle ore piccole. E c'è da aggiungere che in città quasi tutti parlano a volume molto alto: è l'eredità degli incessanti cori di contrada.

Alle sette di sera del 24 gennaio ero pronto per andare in teatro. Prima che uscissi arrivò la telefonata dei miei genitori e quella di mia moglie Gianna, che mi avrebbe raggiunto il giorno dopo per la seconda e ultima replica. M'incoraggiarono a dare il massimo e a non aver paura. Mio padre, che in quei giorni era malato, mi disse queste parole, che ricordo perfettamente: "Vai, figlio mio, omaggia la mia città con un gran spettacolo. Fallo come non l'hai mai fatto. Fammi questo regalo. Conquista Siena! Anche se è dura da espugnare..." Si fece una risata e mi salutò con amore.

Con la mia valigetta piena delle solite fregnacce che portavo sempre con me, il giubbotto, la sciarpa e un cappelletto alla John Lennon, attraversai via Franciosa, passai davanti al Battistero e imboccai via dei Pellegrini. Davanti a me l'incantevole piazza del Campo, con il teatro all'interno del Palazzo comunale. Non c'era nessuno per le strade, tanto era il freddo, e un vento tagliente e gelido mi faceva lacrimare gli occhi. Ero assai teso, preoccupato di risultare troppo romano, nonostante molte interpretazioni fossero prive di accento romanesco. Come tutti gli attori del mondo, avevo il solito terrore di dimenticare qualche battuta. Prima di entrare mi fumai due sigarette una dietro l'altra nella speranza di calmarmi un po'. Il risultato fu una corsa al gabinetto, che raggiunsi pelo pelo: ma era occupato dal mio attore Pierluigi Ferrari. Disperato, mi precipitai verso quello delle donne, e dentro c'era Diana Dei, l'altra mia compagna. Sembrava che stesse per debuttare la compagnia dello scagaccio.

Mancavano venti minuti all'inizio. Preso dalla curiosità, scostai un angolo del sipario per scrutare la platea: molti giovani, volti austeri e volti di gente semplice, il sindaco Barzanti, il mecenate notaio Giovanni Guiso, amico dei reali d'Inghilterra. Lancio uno sguardo verso un palco, e chi ti vedo? L'amico Umberto Smaila, che viveva nella vicina Rapolano, venuto con la famiglia insieme a mio fratello Luca. Nel vedere Umberto mi rilassai di botto. Avevamo passato insieme tanti mesi a Torino per le registrazioni di *Non stop* e mi ricordai di tutti gli incoraggiamenti ricevuti da lui in quel periodo. Era stato il primo a credere in me, non faceva altro che dirmi: "Fai i grandi teatri, piantala con le cantine. Hai le carte in regola... fidati!" Lui, che era venuto apposta per applaudirmi, meritava qualcosa di speciale. Poi riecheggiarono nella mia mente le parole di mio padre: "Omaggia la mia città con un gran spettacolo!"

Mi caricai sempre di più e giurai a me stesso che quello sarebbe stato lo spettacolo perfetto. Mi isolai per dieci minuti in camerino, pronto a entrare in scena come un riff potente di Jimmy Page dei Led Zeppelin. E così fu. Quella sera avevo una mimica impeccabile, tempi recitativi pieni di variazioni spericolate, una padronanza assoluta del palcoscenico. Sentivo che stavo facendo quello che non avevo mai fatto. Il primo tempo finì con un applauso interminabile. Mi mancava il secondo, più complesso per via dei lunghi monologhi. Ma ormai avevo il pubblico con me. Durante l'interpretazione di una vecchia cantante lirica che dai suoi racconti si rivelava essere stata una gran mignotta, mi concessi di andare a braccio per ben dieci minuti. Un'improvvisazione che mandò i miei due attori nel pallone e il pubblico in visibilio. Quella sera, finalmente, decretai – e i miei attori lo confermarono – che mai avevo recitato in modo così intenso e vigoroso. Era stato davvero lo spettacolo perfetto, quello che non mi era mai riuscito prima. Avevo mantenuto la promessa fatta a mio padre.

Mi vennero tutti a salutare in camerino, coprendomi di elogi. Quando vidi Umberto lo abbracciai e gli sussurrai in un orecchio: "Ti ho visto e te l'ho dedicato." A entrambi vennero gli occhi lucidi ricordando il bel periodo a Torino. "Sei stato incredibile, da capolavoro," mi disse lui, e aggiunse parole meravigliose, che mi colpirono nel profondo.

Ormai il teatro era vuoto. I miei attori erano rientrati in hotel con un taxi. Io ero solo in camerino, ancora frastornato ma felice. Avevo bisogno di silenzio. Tutta quell'energia mi aveva stroncato. Piano piano chiusi la mia valigetta, mi asciugai di nuovo la fronte e il collo, infilai il giaccone, poi il cappellino, e salutai il custode del teatro. "Avrà una bella sorpresa quando uscirà," mi disse. Gli sorrisi: mi aspettavo qualche gruppo di fan in cerca di un autografo.

"Faccia attenzione," aggiunse.

Non capivo a cosa dovessi far attenzione, e uscii pieno di curiosità dal teatro. Rimasi senza fiato. Davanti a me apparve forse l'immagine più bella, poetica e struggente che avessi mai visto nella mia vita. Piazza del Campo era completamente imbiancata dalla neve. Rimasi immobile, ipnotizzato da quella meraviglia. Non c'era nessuno. Solo io in quella piazza ritenuta a ragione tra le più belle del mondo. Quello spazio così autorevole, sorvegliato dall'alta Torre del Mangia, mostrava un altro aspetto: la grazia, la delicatezza, un candore sconosciuto a chi ci vede solo la cornice di una furiosa corsa di cavalli, il teatro della più grande esplosione di colori, bandiere e tamburi marziali. I fiocchi di neve mi sembravano le parole del silenzio. Il silenzio che cade nel silenzio. Era come se la città avesse voluto farmi un regalo, come se pretendesse anche lei un applauso. Anche Siena quella sera aveva fatto lo spettacolo perfetto. Si era messa in competizione. E forse, forse aveva vinto. Non a caso mio padre mi aveva detto: "Conquista Siena! Anche se è dura da espugnare..."

Tornai lentamente a casa. Stanco e felice. Ogni tanto mi voltavo indietro, per ammirare quella piazza altre dieci, venti, trenta volte mentre me la lasciavo alle spalle. Fu la notte più emozionante della mia vita. Per quello che avevo fatto e per quello che Siena aveva fatto per me.

# INDICE

Finito di stampare nel mese di febbraio 2021 presso
Grafica Veneta S.p.A.
Via Malcanton 2 - Trebaseleghe (PD)

Printed in Italy